F. A. Hayek

Hayek on Hayek

An Autobiographical Dialogue

哈耶克论哈耶克

对谈式自传

[英国] 弗里德里希 · A. 哈耶克 著

[美国] 斯蒂芬 · 克雷斯吉 [美国] 莱夫 · 魏纳 编

党成孝 译

译林出版社

图书在版编目（CIP）数据

哈耶克论哈耶克：对谈式自传 /（英）弗里德里希 · A. 哈耶克（F. A. Hayek）著；（美）斯蒂芬 · 克雷斯吉（Stephen Kresge）（美）莱夫 · 魏纳（Leif Wenar）编；党成孝译．—南京：译林出版社，2024.3 (2024.6 重印)

（译林思想史）

书名原文：Hayek on Hayek: An Autobiographical Dialogue

ISBN 978-7-5447-9698-9

I. ①哈… II. ①弗… ②斯… ③莱… ④党… III. ①哈耶克（Hayek, Friedrick August von 1899—1992）－自传 IV. ① K835.615.31

中国国家版本馆 CIP 数据核字（2023）第 249911 号

哈耶克论哈耶克：对谈式自传　**［英国］弗里德里希 · A. 哈耶克／著　［美国］斯蒂芬 · 克雷斯吉**
［美国］莱夫 · 魏纳／编　党成孝／译

责任编辑　陶泽慧
装帧设计　彭振威
校　　对　梅　娟
责任印制　董　虎

原文出版　Routledge, 1994
出版发行　译林出版社
地　　址　南京市湖南路 1 号 A 楼
邮　　箱　yilin@yilin.com
网　　址　www.yilin.com
市场热线　025-86633278
排　　版　南京展望文化发展有限公司
印　　刷　徐州绪权印刷有限公司
开　　本　890 毫米 × 1240 毫米　1/32
印　　张　9
插　　页　4
版　　次　2024年3月第1版
印　　次　2024年6月第2次印刷
书　　号　ISBN 978-7-5447-9698-9
定　　价　69.00元

目　录

编者前言

《哈耶克论哈耶克》的灵感源自哈耶克本人的声音。揭示哈耶克思想倾向及其独一无二观点的，与其说是他的说话声音，不如说是他特有的表达方式。如果我们以他自己的声音为向导，去了解他思想的发展，回顾他的思想所回应并产生于其中的那些 20 世纪的事件和经历，难道不会让人获益匪浅吗？

这样一位向导主要有两个来源。第一个来源是哈耶克从 1945 年起的几年里撰写的自传笔记。他开篇这样写道：

> 由于最近当选英国国家学术院（British Academy）院士，因此未来难免会有人尝试对我的一生进行简要描述，届时人们对我来英国之前的生活必然知之甚少，所以我时常感到有必要去尝试列出我的背景和成长中一些较为重要的特征。我要写的东西并非为了出版，只是为了提供材料给那些承担这项不讨好的任务的

> 人，从表面上看来相当平淡的一般生活中发现一些有趣的事实。不过也许有一天，如果我的孩子或孙辈也在一定程度上感受到了先辈们的命运对我的那种吸引力，他们会对其中一些内容感兴趣。

哈耶克后来同意出版他的笔记。他将这些笔记交给 W. W. 巴特利三世（W. W. Bartley Ⅲ），后者负责撰写哈耶克的传记。巴特利意识到，这些笔记应该按原样出版。哈耶克虽然同意了，但他谦逊地建议将这些笔记纳入一部体量更大的传记作品中，以不同的字体区分开来。我们采纳了这个建议。

在通读哈耶克的许多访谈时，我们意识到他已经提供了一
vii 份思想方面的传记大纲。当然，这是他在与巴特利的多次谈话中展现出的明确意图。这些谈话再加上其他访谈，特别是在加州大学口述史项目支持下进行的访谈，构成了《哈耶克论哈耶克》所依赖的第二个来源。

由于哈耶克被问到的问题中有相当多的重复，所以他的回答也就有些重复。我们的任务是挑选出哈耶克针对自己思想发展和生平重要事件的那些最精彩的陈述。它们都按照哈耶克自传笔记所提供的时间框架在此呈现。由于我们的愿望是保留哈耶克本人的真实声音，因此我们对材料的编辑尽可能保持在最低限度。我们没有使用任何常用的学术工具去破

坏文本。《哈耶克论哈耶克》是一场对谈,因此我们在哈耶克作品中所追寻的思想可能会呈现出新的面貌,并且变得更容易理解。

本书还收录了哈耶克与两位芝加哥大学教授在1945年一次广播节目中的激烈交锋。完整的文字记录收录在第三部分中。

本书编辑还提供了一些辅助材料,比如"人名地名索引"中包含了经过挑选的人物生平信息和书目信息。"导言"则简要介绍了哈耶克毕生工作的历史和思想背景。我们还给出了一份文中提到的出版物和信件清单,方便那些希望对材料进行更深入挖掘的读者按图索骥。摘录的访谈以分配给各访谈者的编号来标识:

提问者1:口述历史项目,罗伯特·契斯特(Robert Chitester),宾夕法尼亚州西北公共广播电台总裁。

提问者2:口述历史项目,杰克·海(Jack High),加州大学洛杉矶分校经济学系。

提问者3:《理性》(*Reason*)杂志(1992年7月),托马斯·W.哈兹里特(Thomas W. Hazlett)。

提问者4:口述历史项目,厄伦·克雷夫(Earlene Craver),加州大学洛杉矶分校经济学系。

提问者5:口述历史项目,詹姆斯·布坎南(James

Buchanan),弗吉尼亚理工学院公共选择研究中心。

提问者 6:巴特利三世录音带档案,1984—1988。

提问者 7:口述历史项目,阿克塞尔·莱琼霍夫德(Axel Leijonhufvud),加州大学洛杉矶分校经济学系。

提问者 8:口述历史项目,托马斯·W. 哈兹里特,加州大学洛杉矶分校经济学系。

我们非常感谢《哈耶克全集》(*The Collected Works of F. A. Hayek*)的助理编辑吉恩·奥普顿(Gene Opton)女士,感谢她对本书编写过程的各个方面进行的严格把关;我们最感激不尽的
viii 是,她对哈耶克笔迹不可思议的辨识能力。我们也要感谢我们的研究助理布莱恩·卡普兰(Bryan Caplan);感谢莱斯利·格里夫斯(Leslie Graves)对文本的认真阅读;以及劳伦斯·哈耶克(Laurence Hayek)博士和克里斯蒂娜·哈耶克(Christine Hayek)小姐的极大善意,帮助我们克服了无数困难并处理了许多文稿。我们也要感谢布鲁斯·J. 考德威尔(Bruce J. Caldwell)、尼奥米·穆尔多夫斯基(Naomi Moldofsky)、安吉洛·彼得罗尼(Angelo Petroni)以及杰拉德·拉德尼茨基(Gerard Radnitzky)提供的补充性事实、评论和批评。

由于《哈耶克论哈耶克》是作为《哈耶克全集》的补充而编

纂的，因此我们要对该项目赞助者的持续支持表示感谢。我们尤其想要感谢来自莫里斯基金会的沃尔特·莫里斯（Walter Morris）的鼓励和慷慨解囊；也要感谢经济事务研究所的现任主管约翰·布伦德尔（John Blundell）以及克劳德·R. 蓝贝基金会。

斯蒂芬·克雷斯吉

莱夫·魏纳 ix

导　言

F. A. 哈耶克，出生时即名弗里德里希·奥古斯特·冯·哈耶克，1899 年 5 月 8 日生于当时奥匈帝国的首都维也纳。1992 年 3 月 23 日，他在德国弗莱堡去世，彼时柏林墙刚刚倒塌，苏联对东欧的统治宣告结束，德国也终于重获统一。

20 世纪末的现实表明，哈耶克毕生的工作是正确的。他最著名的作品《通往奴役之路》在恢复那些政治和经济理想方面发挥了关键作用，而正是这些理想使某些政权的解体成为可能。虽然在这个过程中，毒刺导弹、摇滚乐和蓝色牛仔裤可能扮演了更为醒目的角色，但这不会让哈耶克感到沮丧。他比任何人都更能让我们意识到，价值是沿着无法预测的路径传播的。

如果哈耶克所生活的近一百年被一些人称为“美国世纪”，那么它也可以被看作“奥地利世纪”。因为在这个世纪里，知识与文化从维也纳所在的中欧喷发，并迫使世界其余地方做出回应。1914 年 6 月 28 日，斐迪南大公和他的妻子在萨拉热窝遇刺，拉开了历史进程剧烈变动的序幕。

欧洲人在 1914 年发动了这场战争,起初以为它只会持续几个月。结果战火停息时,不仅一代人的前途尽毁,就连文明的基本前提都遭到了破坏。民族主义和社会主义填补了帝国的自毁所带来的真空。甚至连人的基本属性也都面临着质疑。弗吉尼亚·伍尔夫在《贝内特先生和布朗夫人》(*Mr. Bennett and Mrs. Brown*)中写道:“1910 年 12 月前后,人的特质发生了变化。”尽管这种特质的改变最后并没有兑现其预设。

1917 年 3 月,哈耶克没来得及完成大学预科学业,就参加了野战炮兵团。对他来说,战争只持续了一年多一点的时间。在经受过饥饿、疾病和混乱之后,哈耶克从意大利前线归
1 来。1918 年 11 月,他进入维也纳大学。

在多民族队服役过后,战争的影响使得哈耶克的兴趣从自然科学转向社会科学。“那时候我看到,伟大的帝国多少都因民族问题而瓦解。我参加过一场战役,其中有十一种不同的语言在使用。这必然会引起你对政治组织问题的关注。”他后来如此回忆(参见第 40 页。导言所参页码为原书页码,即本书边码,下同)。

如果说帝国的法统正在遭受攻击,那么思想领域的统治就更不牢固了。相对论、量子力学、弗洛伊德、普鲁斯特、后印象派,这些思潮彻底改变了我们对物质存在的理解和感知方式。“我放下茶杯,转向我的内心。只有我的心才能发现事实真相。

可是如何寻找？我毫无把握，总觉得力有不逮；这颗心既是探索者，又是它应该探索的场地，而它使尽浑身解数都将无济于事。探索又不仅仅是探索：还得创造。这颗心灵面临着某些还不存在的事物，只有它才能使这些事物成为现实，只有它才能将这些事物带入日光之下。”因此，叙述者开始了漫长的追忆，这就是马塞尔·普鲁斯特追忆的似水年华。

数年后，哈耶克在 1952 年出版了《感觉的秩序》(*The Sensory Order*)，他在其中完成了一项类似的探索。“可见，我们所说的‘心智’，是以某种方式发生在某些有机体内的事件的一种特殊秩序，它与发生在一定环境下的事物的自然秩序有关，但又不同于这种秩序。”(《感觉的秩序》，第 16 页)“我们对世界的全部认识都具有理论本质的特性，而‘经验’能做的就是改变这些理论。”(《感觉的秩序》，第 143 页)

教 育

从战争中归来时，哈耶克掌握了意大利语，同时也染上严重的疟疾。他在维也纳大学同时修读几个学科，尽管隔三差五夜里都会发烧，他还是尽可能地参与了这一时期的社会和文化生活。1919 年到 1920 年冬天，维也纳大学因缺乏取暖燃料而被迫关闭，哈耶克于是来到了苏黎世。在大脑解剖学家康斯坦丁·冯·莫纳科夫(Constantin von Monakow)的实验室里,他第一次接触到构成人脑的纤维束,也第一次领略到一个“正常”社会本应该是什么样子,而此时的维也纳仍然处于通货膨胀和半饥饿的困境之中。1920 年夏天,他前往挪威,终于摆脱了疟疾的困扰,对斯堪的纳维亚语言知识也有了足够的掌握,翻译了古斯塔夫·卡塞尔(Gustav Cassel)的一本关于通货膨胀的书(因
2 为奥地利的通货膨胀,这本书在那里从未出版)。

在大学早期的学习过程中,哈耶克形成了自己的学术研究风格,这种风格伴随了他一生。“在大学里,关键在于你不必局限在自己的学科之内。”(参见第 43 页)况且,也没有人会把自己局限在大学里。许多富有启发性的学术讨论发生在咖啡馆。大学讲堂使用高地德语,而在大街小巷中可以听到种种不断变化的方言。

许多人的叙述促成了维也纳的神秘形象,而哈耶克对这一时期的看法显得与众不同,但也更为精确。他所在的阶级负有维持奥匈帝国运转的重任,一俟帝国崩溃,这个阶级也无法幸免。他们既不是上流贵族,也不是商人阶层,而都是公务员和专业人士。这个阶级对自己的地位提升并非毫不在意,但他们仍旧恪守行动和处世的规范,这是他们与欧洲同一阶层维持联系的纽带。

哈耶克的父亲是医生兼植物学家,曾希望有朝一日成为一名全职的植物学大学教授。弗里德里希·奥古斯特——他母亲

叫他“弗里茨”(Fritz),这是一个他暗自不快但也并未太在意的称呼——受父亲的影响,对奇妙而又错综复杂的生物学和心理学有所认知,并坚信大学教授是最理想的职业。

哈耶克在大学时走的求学路线是出于实际考虑的。与他的表兄路德维希·维特根斯坦不同,他不能指望家庭财富。因此,能满足他气质和才干的第一职业选择,应当是通过学习法律和语言进入外交部门,也许日后还能获得学术或政治职位。但后来帝国解体,外交学院*树倒猢狲散,哈耶克的外交官梦想也随之退却。

读大学期间,哈耶克仍然在心理学和经济学之间摇摆不定。但战后没有人教授心理学,他也就不可能获得这方面的学位。法律则仍然是一门将经济学与律师或公务员的职业准备相结合的学科。哈耶克用三年(而不是惯常的四年)完成了他的学业,并于 1921 年获得法学博士学位。他又注册了第二个学位,并于 1923 年初获得政治学博士学位。

恩斯特·马赫(Ernst Mach)在这一时期的知识分子中间有着重大的影响。如今提起马赫这个名字,我们大多数人只知道这是超音速飞机的速度测量单位。马赫的科学哲学,简言之就

---

* 外交学院即后来的维也纳外交学院,前身为成立于 1754 年的东方学院,主要从事对奥匈帝国的宿敌奥斯曼土耳其帝国的研究。东方学院在 19 世纪晚期改组,用于培训外交官。——若无特别注明,本书脚注皆为译注,下同

是“如果事物不能被测量,那它就不是真实存在的”。马赫的砍
3 刀(比奥卡姆的剃刀更大也更为锋利)挥向了形而上学的灌木
丛,后者因不能被测量而抑制了科学的发展。

马赫曾是维也纳大学的第一位归纳科学(inductive sciences)教授。之后担任这一教席的是路德维希·波尔茨曼(Ludwig Boltzmann),后继者还有阿道夫·斯托尔(Adolf Stöhr),以及 1922 年接任的莫里茨·石里克(Moritz Schlick)。哈耶克最早在访问苏黎世的时候听过石里克的大名。石里克是恩斯特·马赫学会(又名维也纳小组)的创始人,他把对逻辑学之基础的批判与验证式的经验论主张结合起来,并成功地将哲学家的注意力引到了一项不幸的尝试上,即区分有意义的命题和无意义的命题。这种“逻辑实证主义”催生了维特根斯坦这部续篇,他用后期作品否定自己的早期作品,也催生了卡尔·波普尔(Karl Popper)这副解毒剂。尽管哈耶克从来就不是维也纳小组的成员,但因为他所在的“精神小组”(Geistkreis)有一位成员同时也参加了维也纳小组,所以哈耶克很快通过他了解到了他们的思想。

哈耶克早年接触自然科学的经历使他倾向于接受马赫的论点,即我们所能认知的一切都只是感觉而已。然而,1920 年冬天研究大脑纤维束的景象仍留在他的脑海中。在他撰写的一篇最终未能完成的论文中,他试图把感觉过程(神经冲动)的源头

追溯到大脑。感觉过程是在大脑中才呈现出了知觉的形状以及对知觉的感觉。在论文的结尾,哈耶克意识到马赫错了。纯粹的感觉是无法被察觉的。大脑中一定要建立起一些相互联系,或者产生出某些将过去与现在的经验联系起来的分类。哈耶克开始摸索方案以解决一个之前并未得到识别的问题:秩序如何创造自身?这个方案听起来是半康德半达尔文式的,甚至有点普鲁斯特的意味,但它最终是纯粹哈耶克式的。

哈耶克写道(参见第119页):"我拥有的原创思想,实际上并不来自一个有序的推理过程。我一直认为自己是对所有思维都发生在文字或总体来说发生在语言中这一论点的活生生的反驳。我能够肯定,自己经常意识到对一个问题拥有了答案——在我能够以文字表达出来之前,我就已经'看到'它了。事实上,这种视觉想象力,这种象征性的抽象模式,而不是一种重现性质的图像,可能在我的心理过程中发挥了比文字更大的作用。"爱因斯坦讲过几乎一样的话。

在哈耶克的所有作品中,对模式的感知都居于首要地位。这或许是一种知识上的攀登运动,只不过这项运动是在他的血液和骨骼里进行的。

"我早年所考虑的是一个纯粹的实际问题,就是想找到自己的路,但没有完全意识到我需要一个理论才能做到这一点。
我在寻找一种理论,却还不知道什么是真正的理论。"(参见 4

第137页)

1921年10月,哈耶克向当时的商会(一个官方机构,不同于美洲的同名组织)财务顾问路德维希·冯·米塞斯(Ludwig von Mises)递交了一封来自他的大学老师弗里德里希·冯·维塞尔(Friedrich von Wieser)的推荐信。米塞斯在一个名叫会计办公室的临时机构给哈耶克找了一个职位,他是该机构的管理者之一。该办公室正参与清理因战争而冻结的债务。哈耶克熟悉法语和意大利语,后来也懂英语,再加上他的法律和经济学知识,使他能胜任这份报酬较高的工作。但这份工作主要吸引他的还是与路德维希·冯·米塞斯日渐加深的关系。

米塞斯因其于1912年出版的有关货币理论的著作而被尊为经济学家。哈耶克声称,在奥地利和德国严重的战后通货膨胀时期里(这次大通胀比战争本身更严重,直接摧毁了哈耶克出身的那个阶级),米塞斯可能是德语世界唯一理解发生了什么的人。

1922年,米塞斯出版了他关于社会主义的巨著,这本书为反对社会主义式的计划论奠定了基础。米塞斯的论证聚焦价格的自由调整在竞争性市场体系中所扮演的角色。价格调整反映了相对稀缺性的变化,这指示决策者要改变对资源的配置。没有价格的自由调整,资源的有效配置就无法进行。米塞斯的论证最终说服了哈耶克,使他放弃了他那时所抱持的费边主义倾向。

哈耶克对经济学的最初热情源于他对卡尔·门格尔(Carl Menger)著作《经济学原理》(*Grundsätze der Volkswirtschaftslehre*)的阅读,该书于1871年出版,对随后几代的奥地利经济学家产生了重大影响。门格尔(与杰文斯和瓦尔拉一起)被视为最早将边际效用概念引入经济学的人之一。更重要的是,门格尔的效用概念建立在他对“价值”概念的分析之上,这种分析与古典经济学的价值理论相对立。对门格尔来说,价值并非任何商品或劳作的内在属性或本质。土地、劳动或黄金没有内在价值,只有作为要素的使用价值;而且这种价值只能在与其他可能用途的关联之中得到确定。这种关联会因具体事例和个体而异。只有个体才知道,自己为了获得其他东西的用途(价值)而准备放
弃或替换什么。 5

价值植根于一组关系(作为备选或替代品)中,这个规定被公认为“奥地利”经济学学派的基本主张。在奥地利学派的资本理论中,生产系统的持续时间或复杂程度是随着价格和利率的变化而改变的。因此,价格和利率作为投资依据的作用就十分关键。

价值的主观性,以及由此引发的不确定性,让倾向于实证主义的经济学家无法接受,因为他们对缺乏固定的度量基础感到不满。美国经济学家试图证明:可度量的限度尚未被触及。哈耶克抓住了在纽约担任研究助理的机会前往美国旅行。

到 1923 年 3 月，他攒够了去美国的旅费。

纽约与商业周期

在生命的终点回首，哈耶克觉得自己异常幸运，因为他的一个发现或机会常常能引出另一个发现或机会。只是在 1923 年，前往纽约的这个出乎意料的决定实属不寻常，亦不符合他的性格，连他自己都无法对此做出解释。他甚至为这次旅行蓄了胡子。可以确定的是，他从这次访问中得到的收获并不完全是他所期望的。

哈耶克在纽约的大部分时间都是在公共图书馆度过的，他一开始在阅读美国人对这场世界大战的叙述时就感到震惊。美国报纸上关于战争的报道是准确的，而且在某些方面揭示了奥地利的报道所未涉及的方面。奥地利人民基本上一直被隐瞒了有关战争进展的事实。我们可以将哈耶克对政府行为和动机的怀疑追溯到这个时间点上来。

他在纽约大学正式注册，并开始撰写博士论文（从未完成），题目是《货币的功能是否与购买力的人为稳定相一致?》。他参加了索尔斯坦·凡勃伦（Thorstein Veblen）的一门课程，但除了都曾患过疟疾外，他似乎与凡勃伦并无任何共同之处。引起他兴趣的是按时间序列对经济进行统计分析的最新技术，还有当时人们正在讨论的一个命题：经济体的价格水平可以通过中央银行的货币管理保持稳定。后一个问题触发了他对联邦储蓄系统和美国货币政策的研究兴趣；而前者则使他在返回维也纳后开启了新的生涯。

当时的美国在韦斯理·克莱尔·米切尔（Wesley Clair Mitchell）领导下所发展的统计方法，以其数学技巧的复杂性（那
时欧洲经济学家对此还一无所知）和解释性理论的付之阙如而 6
闻名。米切尔对任何带有抽象色彩的分析都持反对态度，他采取了一种实用的制度主义方法，这种方法与受到卡尔·门格尔抨击的德国历史学派有一定的渊源。

美国式的经济问题处理方法是找寻事实。但不管他们发现了多少事实，美国经济一直受到繁荣和萧条周期的诅咒，而这些周期是无法预防和（或）解释的。那时，日后被证明是所有周期里最具灾难性的那个繁荣阶段还在持续。米切尔在 1913 年发表了他关于商业周期的巨著，并在纽约创立了国家经济研究局。哈耶克参加了他在哥伦比亚大学开设的课程。

美国人所致力的对不同时期相似的经济变化（例如玉米或棉花的价格）的比较研究，建立在一种推断（也就是说，把有待证明的假设当作事实）之上，即经济变化的原因和结果有历史规律可循。实用主义方法试图回避有关经济变化原因的理论或假设在认识论上的必要性，然而没有这种理论或假设，事实的意

义就无法得到认定。简要来说就是无法区分因果关系。

哈耶克对此方法的回应并不是去否认美国人的统计调查拥有发现经济规律的可能性,而是要发展一种能够解释这些规律的理论。回到奥地利后,他写了两篇重要的论文:《跨期价格均衡和货币价值的变动》(1928)以及《货币理论与贸易周期》(1933)。后者是为了说服德语圈经济学家去考虑工业波动的货币原因,而不是认定必须在事物基底上才能找到那些"真正的"原因。

然而,美国人的实用主义进路并没有掩盖他们进行统计研究的真正目的,即寻找一种方法去控制他们所调查的这些经济上的意外事件。直到很久以后,哈耶克才明白自己在米切尔课上听到的立场阐述中包含的全部影响,以及其中危险的预设。这种哈耶克后来冠之以"建构主义"(constructivism)的方案认为,既然人类创造了社会和文明的机制,那么他也一定能够任意
7 改变这些制度以满足自己的欲求或愿望。

对哈耶克来说幸运的是,拿到洛克菲勒研究拨款(使他能够延长在美国的逗留时间)的通知直到 1924 年春天他启程返回维也纳后才抵达。他重新回到了会计办公室的工作岗位,参加了米塞斯的私人研讨会,并和他讨论了他在美国学到的经济学研究方法。米塞斯当时正着手为一个专门从事商业周期研究的机构争取资金,到 1927 年 1 月,他们得以成立由哈耶克负责并

任职的奥地利经济研究所。在最初几年里,他一手撰写了该研究所的大部分报告。

这份工作并未妨碍他的其他写作,但确实压缩了他用以写作的时间。不过他还是开始了对货币理论史的深入研究(由于后来的种种情况,这份研究直到 1991 年才以英语译文的形式收入《哈耶克全集》的第 3 卷并得到出版)。哈耶克从这项研究中获得了对英国货币理论和实践的详细了解,而一个意想不到的好处是:这帮助他在伦敦获得了教职。

与美国思想的另一次接触产生了更为不可思议的结果。当时在美国广为宣传的是威廉 · T. 福斯特(William T. Foster)和瓦迪尔 · 卡钦斯(Waddill Catchings)的主张,哈耶克将其描述为经济周期“消费不足”理论的变体。在维也纳作为编外讲师讲授的早期课程里,他一直在反对这种理论。他发表的论文《储蓄中是否存在矛盾》(1929,后来英译为《储蓄的悖论》)引起了莱昂内尔 · 罗宾斯(Lionel Robbins)的注意,于是罗宾斯邀请哈耶克在伦敦经济学院做系列讲座。这些讲座及随后与罗宾斯的合作都大获成功,哈耶克得以留在英国并成为伦敦经济学院的图克讲席教授。他为自己这二十年间的思想生涯写过一本引人入胜的回忆录,拆分为《在维也纳看 20 世纪 20 年代的经济学》(*The Economics of the 1920s as Seen from Vienna*)(参见《哈耶克全集》第 4 卷)以及《在伦敦看 20 世纪 30 年代的经济学》(*The Economics of the 1930s as Seen from London*)(参见《哈耶克全集》第 9 卷)。

英格兰、伦敦经济学院和凯恩斯

哈耶克在这些回忆录中写道,20 世纪 30 年代初“在我看来是本世纪经济学理论发展中最令人兴奋的时期……从 1931 年我来到伦敦,到大概 1936 年或 1937 年之间的几年,既是经济理论史的一个高峰和一段时期的尾声,也是一个崭新且完全不同的时期的开端”。1936 年,哈耶克在伦敦经济学俱乐部发表了
8 主席致辞,这份演说在第二年以《经济学与知识》(“Economics and Knowledge”)为题发表。1936 年,约翰·梅纳德·凯恩斯(John Maynard Keynes)出版了《就业、利息和货币通论》(*The General Theory of Employment, Interest, and Money*)。

我们无法脱离当时的政治和文化动荡,去理解经济学理论变革所产生的影响。但即便是对这一时期的历史做简要的叙述,也已然超出了这篇导言的范畴。况且,如果对我们来说,理解世界在 20 世纪发生了多大的变化已然很困难,那么对这些亲历大变动的人们来说,理解其意义就更困难了。

在英格兰自己的编年史外,现在人们已经彻底忘记了,19 世纪的历史首先是世界第一帝国(大英帝国)的历史。它在政

治、军事和经济力量上全面领先。在很大程度上，古典经济理论就是大英帝国的经济学。

第一次世界大战严重削弱了帝国的财政基础。从一切经济学理论所能解释的交易关系角度看，支付战争款项所需的巨额资本转移和货币储备的清盘都是难以想象的。经济学家的辞典里可没有不可抗力(force majeure)。

哈耶克注意到，撰写《和平的经济后果》(*The Economic Consequences of the Peace*)已让凯恩斯成为欧洲大陆的英雄。凯恩斯认为，除非战败的德国(德国人已经开始认为自己不是战败而是被出卖才签订了惩罚性的停战协定)把出口扩展到其他大国无法容忍的水平，否则它将无法支付法国所要求的赔偿。不论凯恩斯用来支持其论点的数据精确性如何，德国的困境是真实存在的。在各国政府争论不休之际，德国和奥地利在遭受着饥饿和恶性通货膨胀。

英国政府采取了两种立场，而历史证明这两种立场互不相容且最终将招致灾难性的后果。英王的政府坚持不肯放弃任何赔偿要求，除非美国放弃对英国的索赔。而在经过激烈的辩论后，英国人又恢复了金本位制，并让英镑恢复到了战前水平。伦敦城*很快就发现，自己无法平衡内部和外部对它的索款。大

* 大伦敦的一部分，作为金融业的集中地，常被用来代指英国的金融服务业。

英帝国再也无力成为半个世界的最终贷款人了。

凯恩斯借助他的小册子《丘吉尔先生的经济后果》(*The Economic Consequences of Mr. Churchill*)在这次辩论中扮演了卡桑德拉[*]的角色。不过他未能在辩论中占据上风。

有了身处伦敦的哈耶克,莱昂内尔·罗宾斯提出了一项宏伟的计划:确立一个统一的经济学理论传统,并废除所有单独的“学派”。哈耶克的首次演讲[后来经过修订以《价格
9 与生产》(*Prices and Production*)为名出版],以及他对凯恩斯《货币论》(*Treatise on Money*)的评论,都是这场运动中的重要成果。凯恩斯则攻击《价格与生产》以示反驳。界线就此划定。

然而,针对理论问题的辩论被一系列事件淹没了。工业界正逐渐陷入萧条,其程度比任何经济学家所能想象的都要深重且棘手。对于那些开始在马克思主义的攻击面前质疑其学科可行性的经济学家来说,《就业、利息和货币通论》所提出的方案显得像是一个战术赢家。凯恩斯发现,储蓄和投资之间存在着看似不完美的联系(哈耶克认为这是消费不足理论的一个复杂版本),从而为政府干预货币和财政措施打开了大门,同时仍然

---

* 希腊神话中特洛伊最后一位国王普里阿摩斯之女。阿波罗向她求爱,赋予她预言能力,后因所求不遂又下令不准人们相信其预言。卡桑德拉后来被用以指代凶事预言者。

保留着一般均衡理论的概念工具和正当理由。

无论如何，世界已经不再依赖任何种类的经济学理论了。此后二十年乃至更久的格局，正由亚尔马·沙赫特（Hjalmar Schacht）在德国打造，他正在设计一套货币管制和定向投资的体系。从那时起，这将是每个绝望政府的最重要也是最后的手段。

这时，哈耶克对经济周期的看法似乎完全被打倒了。他进行了一次英勇的尝试，通过《纯粹资本理论》（*The Pure Theory of Capital*）将他对奥地利学派资本理论的重铸与新古典理论的发展整合在一起——而凯恩斯主义在新古典理论方面是最为薄弱的。遗憾的是，那时第二次世界大战正如火如荼地进行着，并没有人理会这些。

很多年后，人们清楚地证明，任何凯恩斯主义计划的成功都取决于那种永远不会到来的政治决策上的精明，而并不取决于凯恩斯著作中的理论命题，这些命题充其量是混乱的，且在最坏的情况下是自相矛盾的，而哈耶克表示，他最大的遗憾之一就是自己没有发动对凯恩斯思想的有力批评。回过头来看，这类批评是否会占据上风是值得怀疑的，因为人们转向凯恩斯，以及哈耶克最终的胜利是由文化和政治变革而非理论论证的说服力所推动的，由于第二次世界大战的爆发，理论论证的结果从未得到经验证明。在那场战争开始的时候，哈耶克和凯恩斯发现他们在某些方面是有共识的，即如何解决战争费用以防止通货膨胀以及在第一次世界大战期间就已经出现的过度投机行为。他们的计划依赖强制储蓄，这些储蓄将在战争结束时返还。那时，凯恩斯已经不再是凯恩斯主义者了。

凯恩斯思想的迅速转变是哈耶克不攻击《就业、利息和货币通论》的主要原因之一。而凯恩斯转变观点的习惯差不多算
10 是出了名的。据悉，凯恩斯与丘吉尔有过一次交流，丘吉尔在与美国就战后金融机制进行谈判时，给凯恩斯写了一张纸条："我正在转向你的观点。"结果他得到的答复是："抱歉听到这个消息，我已经开始改变我的想法了。"

经济学与知识

回忆往昔，哈耶克认为论文《经济学与知识》以及后续关于同一主题的几篇文章，是他对经济学最具原创性的贡献，也是他对凯恩斯的回应。哈耶克论点的影响力在于，它推翻了对实证主义经济学、计量经济学和建立"宏观经济学"的尝试而言都至关重要的那些逻辑和经验假设。这个笼统的评判就哈耶克想要的来说是公平的，但我在此不作辩护。

哈耶克对于市场的态度是一种对于社会组织问题的翔实陈述。正如他在这篇开创性的文章中写道：

> 存在于不同头脑中的零碎知识结合起来，是如何做到产生出它所带来的结果的，而且如果我们刻意地将知识结合起来，那么这些结果的产生会要求我们具备一种单个人所没有的全局指导性的头脑吗？从这个意义上说，个体的自发行动会在我们能够定义的情形下，引起一种资源的分配。尽管并非由任何人做出计划，但我们仍然可以将其理解为好像是按照一个单一计划进行的。对我而言，说明了这一点也就解答了时常被比喻性地描述为“社会心智”的问题。[《个人主义和经济秩序》(*Individualism and Economic Order*)，第54页]

在这些句子中，哈耶克所涉及的问题——秩序如何自我创造——是他在试图解释从感觉到知觉转变的早期心理学论文中最早注意到的。只是在早期，这个问题出现在人类生理学和心理学背景下。而在《个人主义和经济秩序》中，问题则出现在人类社会组织的背景下，这已经超出了个体知识的藩篱。

他对自己新方法的信心来源于两方面。其中一个略显奇怪地来自经济学领域中第一个给予他灵感的人：卡尔·门格尔。1934年，哈耶克接手了一项热门的任务，编辑由伦敦经济学院赞助的门格尔著作的最新版本。在这项工作中，哈耶克可

11 能是第一次认真注意到了门格尔有关社会科学方法论的著作。正如他后来所指出的，它“对于制度自发产生的概念，比我所知道的任何其他书籍都要表述得更为完美”。哈耶克的另一项发现是卡尔·波普尔于 1934 年出版的《科学发现的逻辑》(*Logik der Forschung*)。尽管同为维也纳人，但波普尔和哈耶克那时未曾谋面。不过，他们以基本兼容的方法对同样的知识潮流(马赫、逻辑实证论者、马克思和弗洛伊德)做出了回应。波普尔反对归纳(induction)的逻辑基础，这为哈耶克提供了一种经验主义的方法，他认为在自己对实证主义经济学假设的攻击中，这种方法是有用的。

到 1938 年，哈耶克成了英国公民，用英国护照旅行，并设法在战争爆发前重访奥地利。哈耶克心灵中的某些重要部分从未离开维也纳。而维也纳本身也将发生无法逆转的变化；那些在塑造 20 世纪的过程中如此有力的创造性和知识性能量，在纳粹德国吞并奥地利之后分散到了世界各地。大多数能逃走的人都去了美国。波普尔先去了新西兰，直到战后，哈耶克才有能力把他带到伦敦。

在风俗和性情方面，哈耶克觉得自己在英格兰就像在奥地利一样自在。或者我们可以说，他在保留了相当多 19 世纪特色的英格兰找到了家的感觉。他将过去时代的亨利·桑顿(Henry Thornton)、莱斯利·斯蒂芬爵士(Sir Leslie Stephen)，甚至是阿克顿勋爵（Lord Acton）视作自己的志同道合者。而哈耶克会在英国意识到礼仪、道德、法律和语言等社会机制对文明进化的必要性，也许并不算奇怪。他后来还自称是柏克式辉格党人（Burkean Whig）。

共同的登山爱好使他对莱斯利·斯蒂芬爵士的性格多了一分欣赏。作为改革俱乐部的成员，哈耶克认识了亨利·桑顿的后人 E. M. 福斯特（E. M. Forster）。当伦敦经济学院为躲避伦敦空袭迁到剑桥时，凯恩斯为哈耶克安排了住处。在剑桥，他得以与约翰·克拉彭爵士（Sir John Clapham）分享他对货币史的兴趣。但当战争开始时，他却悄悄地遭到了决然的排挤。他的忠实伙伴与盟友莱昂内尔·罗宾斯同凯恩斯一起进入政府部门服务。多数的顶尖经济学家开始被卷入战争计划。凯恩斯更是将自己累得精疲力竭，以至于没有活到战争结束。 12

战争与《通往奴役之路》

到 1940 年，世界上任何一个有想法的人都无法不去思考这个世界到底是出了什么问题。启蒙运动在 18 世纪所给出的允诺，伦理学与物质层面在 19 世纪的进步，怎么会在 20 世纪导致如此野蛮的暴力？哈耶克从经济理论、心理学和生物学理论，以及对哲学和政治观念的历史考察探询了这个问题。

从后来收入《科学的反革命》(*Counter Revolution of Science*)和《个人主义与经济秩序》的那些文章开始,哈耶克就不厌其烦地表明,事实的特征(这是社会科学的基本主题)是如何因为人们试图应用从自然科学中提取的方法而被误解和滥用的。其主要的谬误在于,主张有可能分离出某些足够充分的现象实例,从而能够确定该现象起因的一般规律。哈耶克并没有直接抨击发挥作用的那种归纳型谬误,而是把他的批评建立在所谓社会科学事实的主观性(因而是不确定的)特征之上。可以说,探究对象的这种主观性意味着,那些行为服从一般规律的人对其行为后果所持有的观念是无法预测的。这些观念不能化约为自然意义上的"事实"。对人类行为一般规律的探索——在进行时往往经历了对自然规律和这些规律所产生的结果之间逻辑关系的曲解,以及其在历史研究中的应用——是受到控制社会机制的野心所驱使的。哈耶克把自然科学方法在社会科学上的误用称为"科学主义"(scientism),并把将它用以充当控制社会的正当理由称作"建构主义"(constructivism)。这种误用是对理性的滥用,他将其追溯到勒内·笛卡尔(Rene Descartes),尤其是奥古斯特·孔德(Auguste Comte)那里。

人类能够控制自身环境的这一幻觉由两项伟大的发明共同促成:蒸汽机和人造染料。前者的运转原理(气体在给定体积内的特定表现)扩展了机械论的平衡概念,这一概念后来主导了经济学理论。与此同时,人造染料的制造工艺的发现使人们相信,物质的结构可以被改变和塑造,以符合人类的意图。随着“我发现了”(eureka)的欢呼,炼金术变成了化学。正如亨利·亚当斯(Henry Adams)所观察到的,在驱动人类的视野方面,涡轮机的力量已经取代了圣母玛利亚的力量:人们要建的是摩天大楼,而不是教堂。 13

这一亚里士多德二分法式的抽象划分方式(划分为自然的生成物和人类设计的产物)正在变得模糊不清。为人类社会设计更“理性”制度的可能性被当作杠杆和有力的楔子,弱化了现有制度的合法性。哈耶克反对用理性设计社会和经济组织的可能性,这基于他的如下论证:由于事情的复杂性,这种设计所需要的对个别事件的知识是无法获得的;即使能够获得,社会行动所产生的无法预见的后果也会使触发这些事件的设计归于失败。

哈耶克在“注意力要高度集中,以此抵抗落下的炮弹造成持续破坏所带来的无力感”中,撰写了他研究理性滥用问题的最初两篇文章。在剑桥的安全丝毫没有减轻他对世界上所发生的事情的绝望。炸弹固然可怕,但也许更令人担忧的是,在这仍然自由的世界里,经济学家和哲学家的思想正发生着变化。那是一种类似科幻故事的体验,颇像掘墓盗尸人的入侵。表面上,人们似乎还是他们原来的样子;在内里,他们被一种异质的精神俘虏了。讽刺的是，日渐孤独的哈耶克维持着对于自由的献身精神，而这正是人们同轴心国战斗而试图保护的东西，可他还是在此被视为外邦人。

在英美，俘获知识分子的那个异质精神是对社会主义不可避免的坚信。那些在同伴中鼓吹这种观点的人要么误解了，要么主动选择去误读德国和俄国那种极权式扩张的根源，而坚持认为其中一个是对另一个的反对，即在德国，国家社会主义事实上不是社会主义，而是对共产主义的一种超资本主义的反应。

在《通往奴役之路》一书的导言中，哈耶克叙述了他自己对事件进行解释的来源："因此，在从一个国家迁移到另一个国家时，人们有时会重复观察到类似的思想发展阶段。感觉就会变得特别敏锐。当一个人再次听到自己在 25 年前第一次遇到的观点或倡导的措施时，这些观点或措施就会作为一种明确趋势的表现而呈现出新的意义。它们表明的如果不是智识发展沿着相似进程进行的必要性，至少也是这种可能性。"

哈耶克煞费苦心地指出，在《通往奴役之路》中，他并不是在做历史论断，也不是在宣布一种逻辑上的必然。他的论点是，
14 如果经济和社会领域的中央计划过程中所固有的极权主义趋势得不到遏制，俄国和德国的命运就将是英国的命运。采用一个直截了当的当代说法：他是在敲响警钟。

对更倾向于社会主义的知识分子来说，哈耶克的警告听起

来像是一道令人讨厌的噪声。当时安居美国的杰出逻辑实证主义哲学家鲁道夫·卡尔纳普(Rudolf Carnap)便是其中之一。他写信给卡尔·波普尔,谴责波普尔对《通往奴役之路》的称赞,“当然,[卡尔纳普说他自己]没有读过这本书”。凯恩斯写信给哈耶克赞扬这本书,声称自己完全同意这本书的观点,却又以世上所有获得权力的知识分子迟早都会陷入的自负为理由为自己的行为辩解:

> 因此在我看来,我们所需要的不是改变我们的经济计划,这么做只会在实践中导致对你的哲学所预言的结果的幻灭;但也可能恰恰相反,即导致这些结果的扩大化。你面前最大的危险[卡桑德拉·凯恩斯又来了]是你的哲学在美国的应用可能以一种极端的形式遭遇实际的失败。不,我们需要的是恢复恰当的道德思维——在我们的社会哲学中恢复恰当的道德价值。如果你能把奋斗方向往那里掉转,你就不会给人看起来或自己感觉像堂吉诃德了。我要批评的是,你可能有些混淆道德问题与实体问题。危险的行为可以在一个有着健全思想和感觉的社会安全地进行,如果这种行为由那些思想和感觉都偏离常轨的人实施,那就会成为通往地狱的道路。

随着时间的推移,英国和美国并没有成为极权主义政体,这一事实被引述以质疑哈耶克的警告。他的批评者没有意识到战争体验是如何使人们习惯于丧失自由的;他们的论点似乎是:只要在劳改营之外实行计划,危险就是不存在的。

本书所呈现的圆桌讨论将计划制定者的恶意以及他们的含混不清表现得淋漓尽致,他们发泄到哈耶克头上的愤怒和不理解也由此得到了戏剧性的重现。一位与会者对他提出质疑:“我并未发现这些计划会将我们带往奴役,反而引导我们走向了自由、解放与更高层次的个性。”(参见第 97 页)这些意图设计世界的人被自己对人类个性更高层次的“特殊洞察力”所蒙蔽,完全无视可能造成的危险:他们看不到,自己的计划即使成
15 功实施,也会产生意想不到的、难以预见的后果,而这可能会给不择手段的机会主义者开启大门,反倒是我们这些把主动权交给计划者的人对此却束手无策。这也许是人性中一个内在的悖论:无论计划者多么善意、多么无私,反倒是自私的机会主义者才可能拥有我们所真正需要的才能,以应对意想不到的情况,并去适应我们永远无法控制的力量。

哈耶克清楚地认识到,虽然我们可以在小规模(短期)的情况下稳健地进行计划,但大规模(长期)的计划是不可能的。凯恩斯批评哈耶克无法划清这两种可能性之间的界限。但凯恩斯自己并没有把握到,这条线将在何处划下是不可预知的,这本身

对哪怕再精心设计的计划(而不是市场的适应性)来说都是一个坏的预示。(凯恩斯这样写给哈耶克:“你自己的论证线索取决于一个非常令人怀疑的假设,即计划并非更有效率。但从单纯经济的角度来看,它倒可能是有效率的。”)供给任务的复杂性从长时段来看势必需要自由市场提供的自发反馈系统。

在生活中,哈耶克也总是会遇到工作上的瓶颈。正如他写道的:“我常常敏锐地意识到——我觉得我比大多数人都更清楚这一点——我的思想完全是指向未来的。我似乎很早就失去了安静享受当下的能力。对我来说,生活的乐趣在于为未来规划——满足感主要在于完成了计划要做的事,而羞愧感也主要来源于我没有执行我的计划。”(参见第 122 页)或许,套用凯恩斯的话来说,从长时段来看,我们都会感到极度窘迫。

在哈耶克所有的特质里还有另一个反常之处:这位伟大的政治哲学家似乎是一位糟糕的政治家。他意识到,《通往奴役之路》所要论证的观点,永远不会在专业的经济学家、公务员、学术型哲学家和社会科学家那里找到被倾听的机会,而这些观点的真正对象正是各派社会主义者。他直接向更广泛的公众抛出了自己的观点,并非常注意使《通往奴役之路》的行文风格尽可能地具备可读性。在这方面,他获得了远超自己预期的成功。

任何一个具有政治直觉的哲学家(对他来说真理是为既定

目标服务的，而非相反）都不可能写出像哈耶克在《通往奴役之路》（第 165 页）中所写的话：

> 这种拥有不同的知识和观点的诸个体间的互动，构成了思想的生命。理性的发展正是一个以这些差异
> 16 为基础的社会过程。它的本质在于，其结果无法预测，而且我们无法知道哪些观点将有助于这一发展，而哪些不会——简言之，这一发展无法受到被我们当前不加限制地持有的任何观点的统辖。去“计划”或去“组织”人类思想的成长，或者说去“计划”或去“组织”一种总体上的进步，都是自相矛盾的说法。认为人的思想应该“有意识地”控制其发展，这混淆了个人理性（只有它能“有意识地控制”任何事情）和个人理性的发展所应归功的人际过程。我们控制它的尝试不过是给它的发展设定了界限，这迟早要造成思想的停滞和理性的衰落。

在英国增强防卫之初，工会和工党就发现自己已经重新获得了在 20 世纪 20 年代总罢工后失去的政治影响力。他们利用这一政治力量否决了哈耶克和凯恩斯为管理支付军备生产所需的特别资金而提出的建议。凯恩斯和哈耶克的计划主要靠强制

储蓄(即将于战后恢复)来减少民间需求,从而使市场能以最有效的方式对政府的需求做出反应。工党质疑,所有的牺牲可能都得由他们承担,而且不会有任何成果。其结果是对生活各个方面的控制不断加强:几乎所有商品实行配给制;工资、价格和租金管制;外汇和资本管制。所有这些管制措施在战争结束后仍长期存在。

社会主义者已经习得而凯恩斯主义者尚未吸取的政治教训是,如果一个政府通过自己的直接支出来保证对劳动力的需求,那么这个政府就失去了应对劳动者需求的任何手段。凯恩斯主义者的政治自负是相信他们能驾驭这只“老虎”,但实际上他们已经大祸临头了。

哈耶克还提出了一个建议,以防止政府权力的增长。他提出了一种新的货币本位制,来取代已中止的基于固定的、国际交易中的一篮子商品的金本位制。他把这个建议提交给 1944 年在布雷顿森林举行的国际货币会议。凯恩斯理所当然地率领了英国代表团,并对达成的协议负有很大的责任。莱昂内尔·罗宾斯与凯恩斯一同前往。而哈耶克则不在受邀之列,他的建议也没有得到考虑。

1944 年出版的《通往奴役之路》在英国广受欢迎,在美国也引起了轰动。1946 年哈耶克应邀作巡回演讲,他获得了 15 分钟不间断的欢呼。 17

德国战俘在《读者文摘》上读到了这本书的节选，他们在获释后将其文字传到了德国。战争结束以后，占领国禁止在德国出版《通往奴役之路》，官方宣称这本书可能会损害盟军与苏联的良好关系。尽管有这项禁令，但这本书的节录以打字稿的形式在德国流传。后来，当哈耶克读到其中一些版本时，他惊奇地发现，有时打字员会自己添加段落。

这本书原本所面向的学院派经济学家和社会科学家则把《通往奴役之路》当作一部不值得他们关注的“畅销”书。学院对哈耶克不闻不问。

流　亡

哈耶克后来学到了一个教训，学术界人士与政治家、运动员和演员不同，他们的学习速度是很慢的，而时机就是一切。他在经济学理论方面的许多著作都致力于处理将时间要素引入均衡过程中的困难。但在大多数经济学理论中，人类关系中关键的时间要素——事情发生的时间，以及因果之间的时间差可能有多长——都被排除在舞台或书本之外，仅在涉及预期、风险和结果时被轻描淡写一下。当时，包括约翰·肯尼斯·加尔布雷斯（John Kenneth Galbraith）和理查德·尼克松在内的勤勉的战争策划者都将他们所能清点的一切纳入定量配给、征用和冻结的体系中。他们在那时不愿承认,甚至到现在都不准备承认,要不是雷达和破译密码的及时发现,而与此同时德国未能及时在东线找到羊毛和石油的替代品,他们的一切努力都会是徒劳的。当我们阅读加尔布雷斯的《我们时代的一种人生》(*A Life in Our Times*)或诸如此类的作品中诙谐而自鸣得意的(或不以为然的)叙述时,我们难道不会怀疑,如果连他那样头脑敏锐的人都不能成功地操控经济,那么一个天然充满了不受约束和未经指导的行为的自由市场怎么会更好?

答案在于,那些有共同利益的人会找到相互沟通的手段。即使是最迟钝的人也会对自己的处境有所了解,这一点对其他人也会是有价值的。社会组织方式的演变,由于是人类行动的结果,而非人类设计的结果,本身就是协调数百万个分散参与者的需求和规划这一经济问题的现实和理论答案。哈耶克通过亚当·斯密(Adam Smith)、大卫·休谟(David Hume)和亚当·弗格森(Adam Ferguson)把这一观点的起源上溯至伯纳德·曼德维尔(Bernard Mandeville)那里:“大众很糟糕,在公共善好上却能有所作为。”

我们这些并非加尔布雷斯的人,需要一些简单的行为准则供我们遵守,同时需要简单的方式来改善我们的处境。随着时
间的推移,这种需要产生出语言、法律、礼节和道德规则。公开 18
市场上货币的使用、商品和服务的交换,就像鸽子成群结队地飞

向散落的玉米一样简单地发展起来了。

在人类交往的这些层面或机制上，礼节往往被忽视，但这些后天养成的习惯，无论是演说方式、着装风格、隐私抑或财产界限，可能才是使人们能够共同生活和工作的最重要因素。哈耶克通过给出一个完美的范例，解释了为什么他在英国感到宾至如归："终止谈话的方式往往不需要你说'哦，不好意思，我很着急'。你只需要变得有点心不在焉，表现出明显在关心其他事情的样子；而不需要说任何一个字。"（参见第88页）礼节与语言（包括手势、语调）是分不开的，与道德也是不露痕迹地融合在一起的，而后者又以显见的方式融入法律之中。

哈耶克在职业生涯的时机上是很幸运的。在个人生活方面，他则没那么幸运。他在年轻时爱上了一个表妹。但由于她对哈耶克的意图有些误会，最后嫁给了别人。哈耶克后来也结了婚，移居英国并成为一名父亲。战后，他重访奥地利去看望留在当地的家庭成员（他在火车上遇到了当时也因类似原因在奔波途中的表兄维特根斯坦），并得知他的初恋情人如今又可以嫁给他了。他做出决定，不管眼前会有怎样的痛苦，他及家人会承受怎样的损失，除了设法离婚他别无选择。

考虑到哈耶克当时在伦敦的处境，以及从一些亲密的伙伴那里遭受的痛苦，他从未提及道德传统的另一侧面实在让人感到奇怪，即道德传统那种排斥和孤立的力量。《通往奴役之路》的出版切断了他与大多数职业经济学家的联系，离婚的丑闻更使得他与以前的社交圈断绝了关系。

他还做了其他遭到排斥的人曾经做过的事。他动身去了美国，并写下了一部自由的宪章。

“很可能正是从这时候开始，他们察觉到了针对他们的那些非议，于是学会了谨慎行事，并且几乎完全与社会隔绝了……双方的处境和自然倾向从一开始就得到了结合，这才使妇女的处境及其在婚姻中的地位成为他们共同感兴趣的主要话题之一。”这话出自哈耶克，写的是约翰·斯图尔特·密尔（John Stuart Mill）和哈丽雅特·泰勒（Harriet Taylor）（《约翰·斯图尔特·密尔和哈丽雅特·泰勒》，第 110 页）。哈耶克对密尔的研究起源于他最初对理性滥用的历史研究。他编辑的约翰·斯图尔特·密尔和哈丽雅特·泰勒的书信集（副标题是“他们的通信和随后的婚姻”），有好些地方都令人着迷。这是哈耶克关于 19
英格兰的社会主义转向始于泰勒和密尔的这个论点的一份重要文献。但它也表明哈耶克在所归化的英格兰是如此惬意，能综合历史、学术和古物研究方面的才能（他是一位卓越的图书收藏家），以完成对这一直指英国文化精要的浪漫关系的记录。其吸引人之处还在于，哈耶克撰写的是人际关系中的个人根源，勾勒的是推动经济和政治发展的主观价值。这些复杂的要素是无法用实证主义的方法论化约为普通品质的。

1954年,哈耶克从古根海姆基金会获得了一笔补助,他和妻子得以花七个月的时间重走了密尔在恰好一百年前穿越意大利和希腊的那段旅程。他们只在一处偏离了密尔的路线:前往埃及,在那里哈耶克做了关于《法治的政治理想》("The Political Ideal of the Rule of Law")的系列讲座。1955年秋天,他回到芝加哥,《自由宪章》(*The Constitution of Liberty*)的写作计划已在眼前逐渐变得清晰了。

> 当时,在唯理主义学派以外的许多自由倡导者都始终不渝地强调着这样一个真理,即如果没有一种根深蒂固的道德信念,自由就是行不通的。而且只有当每个人都被期望自愿遵奉某些原则时,压迫才可以被缩减到最小的限度。自愿遵循这类不具强制力的规则的优势,不仅在于施行强制性规则是不好的,而且还在于以下境况是令人向往的:规则应在大多数情形下被遵守,并且个人应当能够在他认为值得的时候逾越这些规则,哪怕此举可能会激起公愤。此外,还有一点也很重要,即确保这些规则得到遵守的社会压力的强度和习惯力量的强度,都是可变的和不确定的。正是这类自愿性规则的弹性,使得道德规则方面的逐步演化

> 和自发生成变得可能，而这种可能性的存在又容许此后的经验得以对先前的规则进行修正和完善。

以上就是哈耶克在《自由宪章》（第 62—63 页）中所写的。这本书出版于 1960 年 2 月 9 日。

《感觉的秩序》

芝加哥大学给哈耶克提供了一个职位。约翰·奈夫（John Neff）在《意义的探寻》（*Search for Meaning*，第 37 页）中回忆起当时的情景： 20

> 我到访英国，在伦敦见了 T. S. 艾略特（T. S. Eliot）和哈耶克，这次访问使得我为社会思想委员会做出了两个重要的任命。哈耶克接受了一份他要任职将近十五年的长聘教职。经济学系也乐见他与社会思想委员会联系在一起，尽管四年前这些经济学家们曾反对给他经济学教席的任命，那主要是因为他们认为《通往奴役之路》这样的书通俗到简直不是一位受人尊敬的学者能写出来的。只要不把他视作经济学家，他留在芝加哥大学就没有问题。

哈耶克于1950年10月加入学部，担任社会和道德科学教授。他并未空手而来，而是带来了一份手写初稿，题为《什么是思维？》（“What Is Mind?”）

正如他后来解释的那样：“写完《通往奴役之路》之后，我对自己在专业上有了很深的怀疑，我无意再挑衅了。我想被科学界同仁接受，去从事一些与我的经济学观点无关的纯粹科学研究。”（参见第136页）这是思想史上一个令人尴尬的时刻。在准备好公开他对亚里士多德、洛克和休谟的回应时，哈耶克却发现自己身处一个新的世界，这个世界已经心满意足地证明自己全面克服了生存的障碍，同时对知识论上的难题却毫无耐心。

哈耶克回到了三十年前他在恩斯特·马赫的《感觉的分析》（*The Analysis of Sensations*）中首次遇到的问题。他交给自己的任务是：沿着神经冲动一路追踪感觉直至大脑，而感觉将在大脑里变成某种程度上回应“现实”的知觉。到了第三稿时，《什么是思维？》的手稿已经变成了《感觉的秩序》。他在《感觉的秩序二十五年记》（“The Sensory Order After 25 Years”，第289页）中讲述了自身观念的发展历程：

我从一开始就无法接受如下概念：感觉神经纤维可以携带（或者说神经细胞能够储存）心智现象已知

> 所具有的独特属性——而这些属性之所以为我们所
> 知,不仅是通过内省,也通过对他人行为的观察。早前
> 的研究结果使我清楚地认识到,这些心智上的特点可
> 以借由脉冲在神经细胞之间关系系统中的位置来决
> 定,而脉冲正是通过这些神经细胞来传递的。这使我
> 把中枢神经系统理解为一个多重分类的装置,或者用
> 更恰当的话来说,是理解成一个(在任意时刻产生的
> 大量脉冲)在多层次上不断同时分类并持续再分类的 21
> 过程,这个过程起初适用于所有的感官知觉,但基本上
> 也适用于所有我们在心智领域发现的心智实体,如情
> 感、概念、图像、冲动等。

哈耶克攻击的观念——“经验始于对感官信息的接收,它具有恒定的特性,要么反映了属于被感知的外部物体的相应属性,要么与物理世界元素的这些属性有着独特关联”(《感觉的秩序》,第165页)——始于亚里士多德对于我们研习事物“本质”的坚持,并通过约翰·洛克的经验主义格言传递到我们这里:头脑中的任何东西都是由感觉放置的。哈耶克选择的进攻路线与康德的路线相平行,而且似乎不时地还能汇合到一起。

在遇到马赫之前,哈耶克的生活离不开兰花,而正是这个“之前”构成了感觉的秩序的关键。如哈耶克告诉我们的,在追

随他植物学家父亲的兴趣时，他“也开始做自己的标本集，甚至动手写了一本关于一种特殊兰花(Orchis condigera)的专著……系统的植物学带着是否存在明确定义的分类这一难题，对我构成了一种有益的教育。但是我的兴趣逐渐从植物学转向了古生物学和演化论……然后，父亲敏锐地察觉，相较于分类学，我更偏向理论思考”。(参见第36页)

哈耶克的头脑为整理未经分化的感觉而获得的分类思维方式源于先前的经验。“每一种感觉，即使是‘最纯粹的’感觉也必须被视为根据个体或种群的先前经验对某一事件的解释。”用事前的分类来确定对感觉的“感知”，与康德所使用的先验范畴不同，哈耶克讲的分类思维方式是在知觉过程之中浮现的，且不是固定不变的。它们不等于某种原则或公理。而这里就存在着与自发秩序扩展之间的联系(link)——或者用他的术语说，叫“关联性”(linkage)。

> 因此，思维所进行的再分类过程，类似我们在学习大声朗读一种没有语音标注的语言时所要经历的过程。我们要学习根据同一符号与其他符号的组合而赋予它不同的价值，也要学习在不注意到单个符号的情
> 22 况下将等价的不同符号群识别出来。(《感觉的秩序》，第169页)

这本书失败了吗？自出版以来它似乎无人问津；哪怕是意识到其重要性的哈耶克研究者也仅仅是为了避免违背惯例才遵守义务去读它。起初有些正面的评论，但即使是最赞赏的评论，也点出了横亘在这部作品面前的困难。如哈耶克多年后所说的："就心理学而言，我实在是一个来自 19 世纪的幽灵。"

专业化的现代趋势愈演愈烈了，它在美国的大学里尤甚。哈耶克在《感觉的秩序》中表达的论点对当时占学院派心理学主导地位的行为主义造成了致命的打击。哈耶克的作品被这些在风格与内容上都只能算作平庸进展的知识论和心理学学术著作所无视了。[在大学之外，大众对精神现象的探究一如既往地以极为粗疏的直觉性方式进行着。如果哈耶克写的是"超感官(extra-sensory)"元素而不是"前感官(pre-sensory)"元素，他还可能会再被邀请参加一轮巡回演讲。]

一位评论者写道："一位像哈耶克这样的专家，不管他在社会-经济学领域有多大的声望，当他撰写一篇关于知觉的论文时，他偏离本行的行为会使许多人惊奇或不解。"这番话把态度和语言的关联揭示出来了。哪怕是来自埃德温·G. 博林(Edwin G. Boring)在《科学月刊》(*Scientific Monthly*)上发表的最正面的评论，也对哈耶克一个明显的失败表达了责难：

> 即使他是对的(我应该说，他在大多数时候都是

> 对的),你也会希望他能在将自己的思想和前人的工作联系起来这方面,完成一些值得称道的工作。思维和意识的物质理论及相关理论都不是新东西,人们不仅想看到哈耶克思想的内容,还想在科学思想史有关这些问题的视角下审视他的学说。不过,我还是要补充一点:虽然哈耶克的观点不是前无古人的,但我认为之前没有人将这份工作做得这么好。

1956年,在芝加哥大学社会科学研究大楼启用二十五周年的庆典上,哈耶克做了题为《专业化的困境》("The Dilemma of Specialization")的演讲。他别无选择地为自己辩护说:"我们应该对这样一个成熟的学者怀有钦佩之情:他愿意冒无视所有专业界限的巨大风险,去认领那些或许没人能声称完全胜任的工作。"(《哲学、政治学和经济学研究》,*Studies in Philosophy, Politics, and Economics*,第127页,以下简称《研究》)。

《感觉的秩序》和哈耶克的核心经济政治理论之间的重要
23 联系,在他后来的文章中变得愈加明显,特别是他为了丰富《感觉的秩序》之哲学意义而作的两篇文章:《复杂现象论》("The Theory of Complex Phenomena")以及《规则、知觉和可理解性》("Rules, Perception and Intelligibility")。

无论是认为社会主义所必然要求的那种中央计划十分高

效还是十分低效，人们的论证大体都落在对预测行动后果能力的认识论证明上。正如哈耶克在他的文章《解释的程度》（“Degrees of Explanation”）中明确指出的那样：“在不能施加控制的情况下准确地做出预测是明显可能的，然而我们对事态发展的控制不会超出对我们行动结果的预测。因此，预测的局限性意味着控制的局限性，但反过来讲并不是这样。”（《研究》，第 18 页）

为了说明预测人类行为能力的局限性，哈耶克发展了一种复杂现象理论，它承认针对模式——由有限原因引发的一系列结果的反复关联——预测的可能性，但不认为能够预测这些模式中的个别事件。使个体和群体抛开预测的限制而发挥作用的是感知规则的进化，它允许不可预测的行动。语法规则就是一个典例，它允许人们造句，而其中任何语句的含义都是不可预测的。

1960 年，哈耶克致信波普尔，谈到他正在进行的研究：“虽然我并不打算把主要精力放在方法论上，但我正着手的《对经济理论的新看法》（可能会据此标题写成一本书）将不可避免地发端于重述我对经济理论性质的理解，而我当时构想的更高层次规律性的概念继续占据着我的注意力，并且其丰硕成果已远超出经济学领域。”事实上，早在 1952 年他就已写信给波普尔，谈到这项研究的开启。波普尔对《感觉的秩序》的主要反对意

见在于,它构成了一种有关思维的因果理论,波普尔认为这是不可能的。而哈耶克回答道:

> 你是否认为我所说的“唯原理的解释”(explanation of the principle Only)是一种因果解释?如果你的论点只是为了证明我们永远无法回答为什么在特定时刻会发生这样或那样的感觉、心理过程等等,那我应该是同意的。另一方面,如果你打算否认物理过程如何能按照一种普遍秩序(这种秩序是精神现象的特征)来安排是可以被解释的,那要颇费力气才能说服我。当然,我对某一特定问题的分析总会关联到最深远的哲学问题。24 这几个月来我一直在思考一个目前在我看来最具普遍性的问题,现在我把这个问题描述为“在系统内”(within a system)和“有关一个系统”(about a system)之间的区别。我深信这几乎是一个最重要的问题,自从我开始清楚意识到它以来,我就不断在各种联系中遇到它。不过,虽然我取得了一些小的进展,这却是我处理过的最困难和最不易捉摸的问题之一。

哈耶克在这两方面都是对的。我们形容为“在系统内”和“有关一个系统”的问题是最重要的,也是最困难和最不易捉摸的。为解决这个问题,他勇敢地尝试撰写了一篇关于《系统内的系统》的论文。当他发现没有人能看懂他的讨论时,他放弃了。这是哈耶克一生中第二次放弃对人类理解之本质的考察,他转向了法律研究。

哈耶克在芝加哥完全没有宾至如归的感觉。他在巴黎存放了一辆汽车,好在方便的时候和妻子一起回到他钟爱的阿尔卑斯山。听力的每况愈下使他无法与人交谈。他再也不去剧院了。更麻烦的是,从 1960 年开始,他的抑郁症就不断发作。

为了恢复随着战争而逝去的他非常怀念的智识生活,哈耶克付出了巨大努力在维也纳重新建立了一个叫作高等人类研究所的机构,其核心人物就是他、波普尔和恩斯特 · 贡布里希爵士(Sir Ernst Gombrich)。但是,来自维也纳大学的反对阻挠了潜在的资助者,特别是福特基金会,后者已经建立了自己的社会科学中心。不用说,这个机构也没能光复那个失去的维也纳。

1961 年至 1962 年冬天,哈耶克收到了弗莱堡大学(位于德国布赖斯高)的教授聘书。这份邀请包含了一个吸引人的最终退休方案,因此他接受了。除了 1969 年至 1977 年在萨尔茨堡有过一段不愉快的插曲外,他之后的岁月一直在弗莱堡度过,夏天则到奥伯古格尔的山区度过。

在布雷顿森林会议上,凯恩斯以需要将战后世界从另一场灾难中拯救出来为理由(但它的真正目的是防止英国的金融破产），说服美国人接受了他的国际金融机制。然而在 1973 年，它彻底崩溃了。英镑随着帝国的衰落而贬值。而现在，从金本位的最后残余中解脱出来的美元也将步其后尘。在同时面临通胀和失业的情况下，凯恩斯主义的药方信誉扫地，而社会主义的吸
25 引力也没有减弱的迹象，特别是在大学里。

1974 年，哈耶克被授予诺贝尔经济学奖。很多关注此事的公众的第一反应是惊异于他还活着。在记起他曾反对凯恩斯的理论后，一些公众开始对哈耶克的论述产生了兴趣。他为自由市场是自由社会的必要基础的论断提供了一套有力的辩护。同时，他也为公众提供了货币非国有化的论据，主张利用自由市场来维持货币的价值。既然各国政府已经证明自己没有能力胜任这项工作，哈耶克的主张就不失为值得考虑的。不过，银行家们长期以来一直是政府监管的产物，他们早已忘记市场为何物。

无论要在暗处行进多久，市场终将胜利。哈耶克对市场的看法，以及对社会制度自发秩序的看法不需证明或强制施行。这就是生活本然的方式。人们只需要等待，墙总是会倒塌的。

回眸过去

并非所有分隔我们的界限都如同柏林墙一样蛮横且丑陋。有些仅仅是英寸或毫米等测量单位的差异；或是偏爱巴赫而不

是摇滚乐的差异。但是一切都在变动。正如哈耶克所指明的，经济学理论的任务实际上就是解释我们如何在不可知的事物面前做出调适。他说，我们应该把“经济学概念表述为一条溪流，而非一种均衡的力量，我们真的应该去考虑在一段非常不规则的河床中决定水流的那些因素”。（参见第 131 页）

哈耶克的成就在于，他证明了经济学理论和任何社会行为理论一样，都是一种演化的学说。这种做法使他回到了社会行为研究的最初路线上——例如，威廉·琼斯爵士（Sir William Jones）对语言演进的解释，以及亚当·斯密的《国富论》——也正是这个路线启发了达尔文去探究以自然选择导致的演进，解释了生物物种分化的可能性。人们往往遗忘了，达尔文关于适应能力的观点，即贫瘠沼泽地生长的杜鹃科灌木之多样性，可以驳斥托马斯·马尔萨斯（Thomas Malthus）关于人口会膨胀到大大超出其维生方式的可怕预言。马尔萨斯通过对爱尔兰命运的长期的深思熟虑，得出了他关于繁殖力不可避免地超过生产力的悲观预测。大卫·李嘉图（David Ricardo）追随马尔萨斯，将同样的预设接纳为他们讨论经济理论的大背景，即一个经济体 26
在概念上就像一个孤岛，其中只有收入的分配是可以以任意方式规定的。

这种把经济理论的主题视作孤岛式实体的惯例长期存续着。一旦我们假设了一个封闭的系统，人们就会轻易地采纳从力学和更远的物理学中借用来的平衡假说。这样一个系统下的可预测性就是人们要达到的终点。

可惜的是,经济理论忽视了达尔文对马尔萨斯的回应,反而追随着李嘉图的进路。人们要到很多年后才能明白,爱尔兰岛上的爱尔兰人岌岌可危的状态,是由于他们的岛屿在大英帝国之内所处的不幸位置。他们的数量已经在美国引起人们的注意了,只不过要使新世界人口充实,本来也要靠爱尔兰人以外更多种族的生育能力。如果一个社会或系统的边界发生了变化,社会的行为就会随之变动。这些边界可以处在任何维度:毫无疑问也包括时间和空间。不过知识的维度是无限的;我们对系统内外任何因素的认知变化,都需要整个系统就此重新调适。

20 世纪的悲剧是大量人口的不幸处境,他们是哈耶克后来称之为社会主义的致命自负——企图设计和控制社会命运——的受害者。在苏联和其他共产主义社会,这种设计的失败不可避免地引起了日益滋长的控制,这最终意味着通过封闭社会来控制知识。爱尔兰的命运并未像爱德华·吉本(Edward Gibbon)所写的那样:悲悼它比描述它更容易,落入此命运的是古巴。人不是孤岛,就连孤岛本身也并非真正的孤岛。

种种事件证明哈耶克的论点是正确的。他通过攻击管控可能性在知识论上的基础,来攻击建构主义控制社会的理想;他已然证明,对经济和社会的系统变化所引发的响应做出预测是不可能的。自由市场等自发秩序的演化,就是使环境变动引发多种适应性成为可能的一系列方式。然而我们必须承认,很少有人聆听哈耶克的论点。全世界的社会科学教师更热衷于教授马克思而不是哈耶克。在美国,经济学已经沦为数学的穷亲戚。

哈耶克的结论现在几乎是不可否认的。但是,反对预测的
论调,即反对以肯定态度对任何社会或经济条件变化的响应做
出预测,无法同时证明任何计划或控制某一进程的既定企图都
将走向失败。一项计划可能纯粹因为偶然而成功。我们不能预 27
测一个计划是否会成功,因此建构主义者还是有一个逻辑上的
空子可钻。休谟在这里又复活了。

用初始原则或假设的先验有效性来堵住这个空子始终是一个知识层面的诱人之处。在充满不确定性的汪洋中,吟唱塞壬之歌的不是喀耳刻(Circe),而恰恰是确定性(certainty)。哈耶克则冒着风险驶向了那些礁石。

展望未来

哈耶克的大部分作品都在进行划界的工作。他有效地证明了我们大多数的社会机制(如语言和货币)既不是人类刻意发明的结果,也不是像诸如风和重力这样的自然环境要素。在《感觉的秩序》一书中,他证明了社会秩序的根源在于演化过

程：从观察得来的规律之分类到规则的形成；这一过程允许系统的诸要素（维度）在日益复杂的分类下进行互动。演化过程潜在来说是无止境的，任何一个时刻的结果都是不确定及不可预测的。

哈耶克在DNA双螺旋结构被发现之前就写下了《感觉的秩序》。现在，人们更容易检视并理解他概念的原创性。生物生命是通过基因复制演化的，它的基础遵循着哈耶克式的原则。个别基因所控制的蛋白质的生产，是按照类似语言规则那样的“规则”进行的。固定数量氨基酸的可能组合会产生无数的蛋白质。这些蛋白质以更复杂的顺序互动，形成有机体，有机体再根据吸引和排斥的“规则”相互作用。我们也许能够在这个过程中的某一点上，给自然的“规则”和产生自发社会秩序的规则的演化画一条线。问题是这条线应该划定在哪里。

哈耶克在两个关键点上背离了达尔文的理论。他认为自发秩序是通过群体选择（而非经个体突变）形成的，因此后天发展的特性必定是可传播的。虽然这两个主张引发了一系列的批判性解释，但它们并未逃脱演化论的重大隐患，即它们同义反复的特征。生存是衡量成功适应的唯一标准，但生存本身并不能给任何适应的成功提供标准。生存是头等的成功，但它转瞬即逝。
28 看看恐龙即能明白这一点。

然而，哈耶克的理论表明，存活下来的是规则，而不一定是按照这些规则所生成的群体。我应该指出,这一假说可以从哈耶克的主张中推断出来;他并未清楚指明这一点。但如果我们用这个标准去识别自发秩序(而不是自然的或设计出来的秩序),许多困难就会得以避免。

在晚期作品中,哈耶克滑向了用规则来为道德传统提供正当性的路径,而这种传统要证明某些(非特定的)群体的生存优于其他群体。凯恩斯对《通往奴役之路》的回应揭示了这一论点的危险性。凯恩斯认为,彻底的道德辩解将使原本不可接受的经济和政治措施得以被允许。任何为道德命题辩护的企图都会使人陷入自食其果的争论中,一句"你也一样"(tu quoque)就让人无法反驳这样的论证:所有这样的先验原则,如道德原则,在理性上都是站不住脚的。在另一头,哈耶克声称思维无法理解自身,这导致他在自我辩护中抛弃了理性,虽然他否认这样正合了他反对者的意。

然而,如果我们回到这样的假设,即存活下来的是规则,而不一定是采纳了这些规则的群体或个体,那么这个问题就可以用不同的措辞来阐述了。这样,演化的过程——等同于物种的自然选择——就变成了一种自我选择的过程。这表明,当那些调适能让更多的个体彼此沟通并解决更多他们环境中的问题时,它们就是成功的。我们用以衡量所采纳的规则是否成功的群体,并非一个数量固定的群体。例如,讲英语的群体因语言使用差异而有所不同，他们绝不会与任何一类人群（比如英格兰居民）完全等同。接纳自我选择的理论意味着在平息日益加剧的社会冲突上走出了一大步，例如在体制中诉求多元文化的倾向所产生的冲突，更糟糕的还有世界上某些饱受动荡的地区里那些"种族清洗"的诉求。以自我选择作为构成社会组织之基础，个体就可以在不牺牲其自我认同的情况下，参与到任何自发秩序（语言、家庭、市场、宗教）之中。

也许哈耶克的人生和作品里最幸运的讽刺在于，因为他，我们更没有理由对理性感到绝望。他关于思维不能理解自身的论点源于《感觉的秩序》的一个主要结论："我们将试图确立的命题是，任何分类机制必须具有一种比其要分类的对象复杂程度
29 更高的结构。"（第 185 页）

但他也明白，除了人的思维这个可能的例外，复杂性越来越大的结构，其演进是没有限制的。在《规则、知觉和可理解性》一文中，他开始明白，这个问题本质上与人们可以从一个系统内部就系统说些什么（他致信波普尔所提到的）这个悖论所遇到的哲学性问题是一样的。哈耶克放弃了自己在这个方向上的探索，但他打开了一扇门，提供了一个更深层次的复杂性能够被理解的语境。阿尔弗雷德·塔尔斯基（Alfred Tarski）的元语言研究和巴特利三世有关理性的研究已经展示了这片新领域的冰山一角。

也许我们要经历更多政治和经济上的灾难才能吸取教训，不过我们似乎确已开始了解到，虽然思维（理性）不能将自己创造的模式强加给世界，但它可以发现和理解生命所显现出的模式。在复杂系统理论这一新兴学科里，甚至在人工生命（这并不是一种矛盾的修饰）这一分支中，思想家发现自己所思考的自发秩序具有明显的哈耶克式的特征。即使在计算机上，不可预测的复杂形式也是从一组简单规则中演化而来的。

所以这些研究者会开始理解，无论是人工生命抑或是自然生命，都存在于混沌的边缘。哈耶克依旧鲜活。

斯蒂芬·克雷斯吉 30

第一部　维也纳—纽约—维也纳

我的父系中，能追溯到姓名以外信息的最早的先辈，是高祖父约瑟夫·哈耶克（Josef Hayek，1750—1830），他在1789年获得了小贵族的头衔（“冯”），这个家族自此就有了这一头衔。他的父亲劳伦茨·哈耶克（Laurenz Hayek）曾在莫拉维亚一位大贵族地主名下靠近布尔诺的田产里服务，但他在儿子约瑟夫还不到五岁时就去世了。在这位地主被任命为高级政府官员时，约瑟夫·哈耶克随其前往维也纳担任秘书，并且在与地主一起返回莫拉维亚后，成为庄园的管家。在此任上，约瑟夫·哈耶克在莫拉维亚和下奥地利新建了两家纺织厂，围绕这两家纺织厂又出现了两个新的村庄。他后来成为这些工厂的合伙人，并获得了可观的财富。在1789年的奥地利，这是个了不起的成就，由此他才在三十九岁就被皇帝约瑟夫二世（Kaiser Josef Ⅱ）册封为贵族。约瑟夫·冯·哈耶克的父亲和祖父都曾在西里西亚的战争中服役，他专门把这点写入了他的贵族特许状。除此之外，很遗憾我对这些先辈一无所知。

约瑟夫的儿子海因里希（Heinrich）利用继承自父亲的巨额遗产学习了法律，然后娶了一位有天赋的歌手弗兰齐斯卡·兹维尔齐娜（Franziska Zwierzina）；他出任维也纳某个部门的公职，只需在每天早上工作两三个小时即可；他漫长的人生都过着有尊严而舒适的绅士生活。他的儿子，也就是我的祖父古斯塔夫·冯·哈耶克（Gustav von Hayek），出生在布尔诺，最初受教于私人教师，后来就读于维也纳一所高雅又入时的学校——特蕾西亚学校。这所学校在当时仍然专供贵族入学。但他提早离开了学校，彼时，只消几个月他就可以获得进入大学所必需的毕业考试证书了。他成了一名海军军官，而且似乎确实是个年轻的海军花花公子。保存下来的最早的照片显示，他是威尼斯的海军学员，而威尼斯是当时奥地利舰队的基地。

古斯塔夫的不幸在于，他对海军生涯的期望被击碎了。在海军服役期间，他的父亲海因里希在晚年失去了这个家庭得以 31
安居乐业的财富。我不知道这场灾难的细节，但大部分财富似乎已经在 19 世纪 60 年代就没了，远远早于令奥地利许多中上层阶层失去财富的 1873 年危机；随后的处境对儿子来说显得更糟了（在他已经结婚成家之后），因为他没能像自己预期那样继承那笔财产，这些财产由他未婚的姑姑们继承了。因此，无论是出于对海军生活的单纯不满，还是为了负担婚姻开支（靠一个初级海军军官微薄的薪水是难以承受的），或是出于其他原因，我的祖父在年近三十之际决定离开海军。我之所以说“或是出于其他原因”,是因为他似乎在海军中过着相当奢华的生活,如果没有一笔财富,这种生活几乎不可能维持下去。而且我依稀记得有这么一个故事:这位年轻的学员有一次身着饰有非常规装饰的制服出现在游行里,只因指挥的海军上将第二天出现时对自己的军装做了同样的修改,他才躲开了一场看似不可避免的惩罚。

在提前离开大学预科学校,遭遇一系列波折之后,古斯塔夫又回到学校,研习自然史和生物学,最终成为一名大学预科学校的教师和校长。他在生物学方面的一些系统性论著还相当出名。古斯塔夫以一名鸟类学家的身份引起了王储鲁道夫(Crown Prince Rudolf)的注意,并受托组织了于 1881 年在维也纳举办的第一届国际鸟类展览,这使他很快对未来又抱有了很高的期望。但是,当王储在 1889 年自杀时,这些希望又都破灭了。这种对于生物学的兴趣在我父亲奥古斯特·埃德勒·冯·哈耶克(August Edler von Hayek)和我的两个弟弟(一个是解剖学家,另一个是化学家)那里延续下来了,后来又出现在我的女儿(昆虫学家)身上。

如果说我父亲的父母,不管他们如何为自己的教养和门第感到骄傲,总还是不事虚华的,那么我母亲的父母虽然来自一个“新兴”的家庭,并且晚了一代人才获封贵族,但他们绝对算得上是上层中产阶级，而且富裕得多。我的外祖父弗朗茨·冯·尤拉舍克（Franz von Juraschek）先是当过大学教授，后来又成为高级公务员，而且作为统计学家拥有过硬的学术背景和国际声誉。他凭着妻子可观的财富维持了相当高的生活水平。

冯·尤拉舍克夫妇住在凯特纳大街55号顶层一个华丽得甚至可以说是宏伟的公寓里。公寓共有十个房间，而且至少有
三个仆人。毫无疑问的是，这是维也纳最漂亮的公寓之一，面朝 32
环形大街，隔着凯特纳大街与歌剧院相望。在我外祖父去世后的1914年，公寓所在的建筑被拆除，取而代之的是全新的布里斯托酒店。外祖父母的公寓对我而言是第二个家，每两周的星期天下午我都会待在那里，而当我的父母偶尔外出旅行或者在1912年秋天我父亲重病后，我也在那里度过了很长的时间。我外祖父再婚所生的最小的孩子、我的舅舅弗朗茨（Franz）只比我大四五岁，星期天的家庭聚会往往人数众多，年龄跨度也很大，上到我的外祖父母，下到我最小的表兄弟姐妹。

我父母情投意合，他们的婚姻生活（不只是在我看来）似乎总是晴空万里且充满快乐。虽然他们早些年肯定很缺钱（我父亲的薪水微薄，刚刚被任命为义诊师，即服务贫民的市级医生，处于医疗卫生系统的最底层），起初收入差不多与我母亲微薄的财产（大约相当于1898年的2 000美元）收益相当，但是他们在一生中的大部分时间里生活得相当舒适。

一旦赚取外快的事不再那么急迫，我父亲似乎就放弃了建立私人诊所的努力，他满足于在卫生部的等级制中逐渐升迁，把业余时间都献给了他钟爱的植物学。他一直希望有朝一日能够完全不必从事医务工作，在大学谋取一个全职的植物学教席。不过那一天从未到来，而"教授"通常也不过是授予有数年资历的编外讲师的一个荣誉称号。但是，尽管这一未曾实现的抱负令我父亲感到难过（这可能也使得我把大学教席看作是我能获得的所有职位中最理想的一个），但他的科研成果相当可观。他在他的领域（植物地理学，今天称为生态学）受到同行们的高度尊重。非凡的记忆力使他掌握了不俗的植物学知识，他也曾颇为遗憾地表示，自己多少可能是最后一位把在观察中辨识植物看作是自己职责的植物学家了。

在生命的最后岁月，我父亲家成了维也纳植物学家们的社交中心，他们定期在我们的公寓碰面。父亲过世比较早，在五十七岁的时候就死于严重的血液中毒（他在东施泰尔马克考察植物时脚上长了水泡导致中毒）引发的肾病，要不是因为这次血液中毒，他本来应该还能活十五年。我母亲费莉西塔斯（Felicitas）在 1967 年去世，享年九十三岁。

虽然我的父母从未正式脱离家族世代信奉的罗马公教会，
33 但他们实际上并无任何宗教信仰。他们并不强烈地反对宗教（我怀疑我的祖父和他那一代的许多科学家反而是反宗教的)，不过所有断然的教条在他们看来都只是昔日的迷信。他们从不带我去教堂。虽然在我开始以读书为乐后，作为日常教育的一部分，我得到了一本儿童版《圣经》，但当我对它兴味正浓时，这本书却神秘地消失了。

学校当然有宗教教育。在大学预科里，周日的弥撒是半强制性的。这种强制安排的合法性总是遭到怀疑，每当周日有郊游(每家每户经常在春夏晴好的日子出游)时，我们这些男孩干脆就不去参加弥撒，因而与校方的摩擦频繁发生。在预科的头两年里，也就是约莫十岁或十一岁时，我受一位颇具感染力的老师影响，产生了强烈的宗教情感。我清楚地记得，在忏悔和次日早晨第一次圣餐之间，我体会到负有罪孽这一信念所带来的痛苦。但这种状态为时不长。到了十五岁，我已经说服自己，没有人能对他所用的"上帝"一词的含义做出合理的解释，因此，坚持一种信仰和坚持不相信上帝一样毫无意义。

总的来说，这是我自此以后的一贯立场，但我历来避免在没有受到问询的情况下，表明自己缺乏信仰甚至明言没有信仰，而因此不必要地冒犯持有宗教信仰的人。另一方面，我对不同的基督教教派的立场有些矛盾。我觉得，如果有人真的需要宗教，他最好坚持信奉我认为的"正本"，那就是罗马天主教教义。在我看来，新教教义是从迷信解放的过程中迈出的一步，而一旦迈出这一步，必然导致全然地不信。不过，新教表面的合理性可能会使一个不能完全接受天主教教义的人留在基督教阵营。换言之，我觉得只有两极才是相当稳定的立场；既然我已在其中一个极端的立场上找到立命之处，那就没什么特别值得忧虑的。不过我常常显得自相矛盾，因为我在**理智上**更同情新教，但同时也承认，如果一个人必须信一门宗教，天主教在我看来更有一贯性。

提问者 1：你对道德结构的思考，即"正当行为"的概念，是否触及宗教戒律中一些非常基础的部分？

哈耶克：我认为它确实涉及人们试图通过宗教来
34 回答的问题，即在周遭的世界中，有许多有秩序的现象，我们无法理解却不得不接受。最近我发现，佛教这种多神论宗教比西方的一神教更吸引我。如果人们像某些佛教徒那样，让自己对世上存在的其他有序结构抱着一种由衷的尊敬，他们承认自己对此不能完全理解并给出解释，我认为这是一种令人钦佩的态度。

我对宗教确实怀有敌意，但我主要反对一神教，它们经常是极其不包容的。所有一神教都不宽容，且往往设法给信徒强加特定的信条。我刚刚对日本的状况稍有了解，在那里你甚至不必皈依一种宗教。几乎每个日本人都是一边做着神道教教徒而另一边又做着佛教教徒，这被公认为是不矛盾的。每个日本人从出生、结婚到下葬都履行神道教仪式，但他的一切信仰又是佛教的。我认为这是一种值得赞赏的状态。

我念过好几所学校，因为搬家换了一次小学，又因与老师的关系不融洽换了两次预科学校，他们恼火于我突出的能力，此外我还同时表现出懒散和缺乏兴趣。除了生物学，学校的科目很少让我产生兴趣，我常常不做家庭作业，指望光在课上学习就可以勉强过关。一般来说，我都能在年末突击完成功课，因为学校允许成绩不太好的考生参加名为"续考"的重要测验。但第四年有一次，我的三门主要科目（拉丁文、希腊文和数学）都不及格，甚至连续考的机会都没给我，我不得不留级重读。这样的好处是，我变得对荷马非常熟悉，并且喜欢上了荷马式的希腊文，因为在那一年，希腊文班上读的就是荷马。1916 年，我在那个班级又碰上了早在 1913 年就与我起过冲突的导师，于是我换到了另一所预科学校，只不过在那里刚学习五个月就去参军了。

我追随我父亲的道路，最初对科学的兴趣主要在植物学上。父亲收集的各种自然标本（矿物、昆虫和花卉）很早就激起了我的兴趣，他拥有一个非常大的植物标本室，而且多年来都在做"flora Exicata"（稀有压缩植物的组织化供应和交换）的整理工作。我有很多机会给他当助手，一开始是充当采集者，继而是摄 35

影师——从十三岁持续到十六岁的这一爱好占用了我大部分的课余时间。我也开始做自己的标本集，甚至动手写了一本关于一种特殊兰花的专著，由于一直未能找到这种稀有物种（可能的话，变种也行）的活标本，这项工作使我灰心丧气。系统的植物学带着是否存在明确定义的分类这一难题，对我构成了一种有益的教育。但是我的兴趣逐渐从植物学转向了古生物学和演化论。大概在十六岁前后，我开始觉得人是更有趣的，甚至一度考虑成为精神病学家。此外，公共生活和社会组织的某些方面，如教育、新闻界、政党等，也开始引起我的兴趣，这些算不上是系统研究的科目，毋宁说只是出于理解我所生活的世界的愿望。

当父亲认识到我在知识上对生物分类学有所不满，但对理论非常渴望时，他把奥古斯特·魏斯曼（August Weismann）厚厚的两卷本《血统理论研究》（*Vorträge über Deszendenztheorie*）交到我手中。不过那时我年纪还太小了，这件事时而令我感到遗憾。它们完全超出了我的理解力和持续研究的能力。我相信如果我晚几年（当外部环境把我的兴趣引向社会现象的时候）再接触它，那么我本可以成为生物学家。我对这个学科的狂热一直不减，在这个领域工作能满足我耐心寻找重要事实的倾向，这种倾向由于学科本质的关系，在经济理论中注定要受挫，我只能在偶尔涉猎传记、家谱或类似的消遣时加以排解。

提问者6：你的生物学训练主要来自预科学校吗？

哈耶克：不，不是来自学校，而是来自家庭。其中
大部分来自我父亲，以及家人喜欢收集各种东西的传
统的影响。我开始保存自己的植物标本，并且我第一
次在科学性作品方面的尝试，始于研究一种据说是兰
花的品种。这里存在一个问题是：它究竟是一个单独
的品种，抑或是一个变种。就这样，我被引向了分类
学；然后，父亲敏锐地察觉，相较于分类学，我更偏向理
论思考。他就把两卷关于演化论的书交到了我手里，
不过早了一年。如果一年后他把魏斯曼和胡戈·德·
弗里斯（Hugo De Vries）介绍给我，我可能会继续研究
生物学。但我对分类的工作不满意，于是逐渐退出了。
战争的大动荡使我对经济学更感兴趣。在大学时，我
依然徘徊于经济学和心理学之间。法律和经济学给了 36
我一个求职机会。在斯托尔死后，学校甚至没有人教
授心理学了。我的心理学知识是从书本上学到的，根
本没有学习其他东西的机会。

虽然在学校里，人们普遍认为我聪明而懒惰，而且总是在贪婪地读书，但我不认为自己属于“知识分子”类型，我的志向在于更有效地处理生活中实际的琐事而不是学术研究。无论是摄

影还是滑雪,图书的使用或各种各样的收藏,我的聪明主要用在了获取技能或掌握实践活动的理论基础上,而没用在现在占据我时间的那些知识性问题上。我有一种强烈的冲动去为生活中的实际事务做好准备,学习如何安排事情,特别是我自己的事情,总之就是要变得高效。有一段时间,我的榜样是消防队的那匹马:它被拴在消防站里,马具悬挂其上,随时准备待命。我会尽量简化日常生活的流程,让它机械化一些。

在十六七岁的时候,我对戏剧饶有兴致,这是我第一次在兴趣方面花一段时间系统探究并表现出主动性。我成了城堡剧院的常客,了解了它的历史,并开始广泛阅读 17 和 18 世纪西班牙和法国剧作家的作品译本,还有古希腊戏剧的译本。(我很早就熟悉了德语古典作品和莎士比亚主要剧目的德语版本,其中有一部分是父亲在晚上朗读给我们听的。)到 1916 年左右,我对戏剧文学已经有了相当程度的了解,读过亨利克·易卜生(Henrik Ibsen)和比昂斯滕·比昂松(Bjørnstjerne Björnson)等相对晚近的作家,以及一些不太知名的人物,比如弗里德里希·黑贝尔(Friedrich Hebbel,当时流通的其作品全集是我最早购买的大部头之一)。我甚至开始自己写悲剧,题材是充满暴力而且多少涉及情色的历史主题(安德洛玛克、罗莎蒙德等),不过我从来没有写完一个剧本,哪怕我通常是对着设想好的效果不错的结局去写的。

提问者 6：你对其中的情节还有印象吗？

哈耶克：有一个，是占据我心头时间最长的。那是一出关于安德洛玛克的剧本。它充满着各种暗示；非常晦涩，只有一半人能理解。但不错的结尾场景非常有戏剧化效果——安德洛玛克是阿喀琉斯之子的奴 37
隶，她从城堡游荡到海边，到了一块伸向海里的岩石上，太阳升起时，她跑向太阳说道："是你，是你，我的赫克托。"而后坠入海里。

1917 年 3 月，我在维也纳加入野战炮兵团，在经过七个多月的训练后被派往意大利前线，成为一名士官候补军官（如果我能这样翻译那个冗长头衔的话），并在那里服役了一年多。我在伊松佐河畔的戈里齐亚附近与炮兵连大部队走散了。在卡波雷托战役后，他们立即离开了那里去追击意大利人，几天后我才追上了他们，而后几乎一整年都在皮亚韦河左岸的阵地上度过。最激动人心的时刻包括了 1918 年 6 月一次失败的进攻、1918 年 10 月奥匈帝国军队的崩溃以及两波撤退浪潮。在这时期后半段的大部分时间里，我们更关心的是饥饿、疾病和捷克人叛变的传闻，而不是认真作战。和大多数战友一样，我也感染了疟疾，是在撤退期间才发作的，于是我最终在接近 1918 年 11 月中旬时回到了维也纳，身体状态非常虚弱（夏季早些时候的重流感也是原因之一)。

这是我第一次真正向自己证明(我似乎从未真的怀疑过),如果真的愿意,我可以不费力气就做得和部队军官学校里最优秀的同伴一样出色。当时令我颇感高兴的是,即使在诸如榴弹炮的可变后坐力装置这样的纯技术细节上,我从来没有像更有机械思维的同辈一样自如;即使我没有任何特别的天资,甚至有些笨拙,不能像达到骑手或制图员水准的同僚那样优秀,但我还是在大约七八十名候补军官名单中位列前五六名。

固然,在某种程度上,当时的我比同时代的大多数人更有学术气质,对日常生活的世界(尤其对女性)比较陌生,且比较长于阅读。但即便在这一点(除了我浑然不通世故之外)上,我与那群人中一两个真正知性且见多识广的人相比,还是逊色很多。至于在更成熟的年轻士兵面前,我在当时甚至之后一些年岁里都仍然算是个孩子。

提问者 2: 我记得好像听你讲到过一个故事。你
38 曾带领部队撤退。身为中尉,你遇到了一个相当有趣
的……

哈耶克: 并不是很有趣。在从皮亚韦河撤退时,我们先是遭到意大利人的追击。由于我是炮兵团的电话联络官——这意味着我认识所有讲德语的少数人,

在这种情况下他们是仅有的可靠人士——我受命从炮兵团带出一个小分队，先是断后以防意大利人追踪我们，接着在经过南斯拉夫时作为先头部队，因为有一些南斯拉夫非正规军官兵试图阻止我们并抢走我们的枪。打了一年的仗，我从来没有做过这样的事情，但在当时的情况下，我不得不向正在开火的机枪发起进攻。夜里，当我靠近机枪时，他们已经离开了。但这是一段不愉快的经历。

我小时候对历史和公共事务完全没有兴趣，这方面的兴趣主要是通过与一位稍比我年长的朋友瓦尔特·麦格(Walter Magg)的接触而唤起的。他是我童年唯一的密友，比我大两岁，天资卓越，爱好音乐(我则不然)，文学修养深厚，而且写作能力在当时远胜于我。他有着与年纪不符的成熟，这一度使我们疏远，但我逐渐赶上。在1915年至1917年间，他对我的兴趣发展有很大的影响。他参军时间比我略早，1917年10月在莱巴赫(如今的斯洛文尼亚首都卢布尔雅那)服役期间染病去世。几天后，我在和连队汇合时途经这个地方，却没能再见到他。

我对经济学的兴趣能清晰地追溯到1916年末预科学校七年级时的逻辑课程上，当时老师向我们解释亚里士多德对伦理学的三分法：道德、政治和经济——这似乎完全涵盖了我感兴趣的领域。当我突然宣布我想研究“伦理学”时，我的父亲相当担忧。几天后，为了说服我相信伦理学有多么胡扯，他送给我四本哲学家路德维希·费尔巴哈（Ludwig Feuerbach）的著作，这是他在二手书店挑选的。我必须承认当时我觉得这位哲学家很无聊，而直到很久以后我才真正接触到严肃的哲学。我那时也没有真正理解经济学是什么。当时我的阅读多集中在社会主义或半社会主义性质的时政小册子上，从卡尔·伦纳（Karl Renner）到瓦尔特·拉特瑙（Walter Rathenau），后者成了我最初的经济学观念的第一个来源。（1917 年秋天，在暂时离开军队以获得
39 毕业考试证书期间，我在预科学校里惹了麻烦。在神学课上，我在读一本社会主义小册子时被逮到了。）在 1917 年或 1918 年的某个时候，当时皮亚韦河的战场处于平静期，我们连队一位年龄稍长于我的军官给了我一些经济学方面的书籍，我仍惊叹于这些书居然没让我对这门学科产生永久的厌恶。我还是认真啃完了这两本书（作者是格伦茨尔和延奇），不过它们都堪称你能想象的最糟糕的经济学范例了。

提问者 2： 既然生于自然科学世家，你是如何对社会科学产生兴趣的？

哈耶克： 我认为决定性的因素就是第一次世界大战，特别是在奥匈帝国军队这个多民族部队服役的经

历。那时候我看到，伟大的帝国多少都因民族问题而瓦解。我参加过一场战役，其中有十一种不同的语言在使用。这必然会引起你对政治组织问题的关注。

我在意大利服役时就差不多决定研究经济学了。但是，当我发现卡尔·门格尔的《原理》是如此富有魅力且合我心意时，我才真正地迷上了它。即使后来如你们所知的那样，我回去学习法律也是为了能够研究经济学，但我对经济学和心理学的兴趣是差不多的。最后不得不在自己感兴趣的东西中做选择。经济学至少在形式上有正规的学位，而念心理学却什么也拿不到，也没有工作的机会，于是我决定选经济学。

部分是出于直接的实用原因，我计划在大学学习法律的同时在领事学院（一所培养未来外交官的特殊学校）攻读语言和国际问题，之后的生涯将服务于外交界，并通过这一身份获得学术或政治职位。但随着奥匈帝国的瓦解，领事学院不存在了，这份规划中的外交生涯也不再吸引我了。法律仍然是我致力的方向，它能把经济学与我针对辩护业（律师职业）或（我认为更有可能的）公职所做的准备结合起来。

虽然在1918年11月回来时，我已经赶不上学期开学，而且还染上了严重的疟疾，但我还是以现在看来相当惊人的精力一

头钻进了几门学科的学习中。而且至少在接下来的春天里，我的社交生活非常活跃。我几乎有好多个星期都是白天刻苦学
40 习，晚上大多去跳舞，尽管在那个燃料匮乏的冬天，照明限制使晚上的时间不会太长。

战争后的那几年，维也纳大学的学生热衷谈论的两个主题是马克思主义和精神分析学说，它们在后来的西方世界也仍旧是两大主题。我用尽心思研究这两种学说，但钻得越深越不满意。那时在我看来，它们的学说完全是不科学的，因为它们定义术语的方式让它们的陈述必然为真且无法反驳，因此对这个世界它们其实什么也没说，之后我的看法其实也类似。正是在与上述观点的斗争中，我在科学哲学上发展出了与卡尔·波普尔从相同经验出发形成的相近观点（我们两人得以形成这种观点的经历大同小异），当然我的框架远不如他的清楚；他在 1935 年出版《科学发现的逻辑》（*The Logic of Scientific Discovery*）时，我就很自然读到了他的观点，那还是我们开始熟识的前几年。

提问者 6：在我看来，维也纳从 1880 年或 1890 年起一直到 20 世纪 30 年代，都差不多是一个知识蓬勃发展之都。你回想起来也这么认为吗？

哈耶克：你可以追溯得更加确切。在 1867 年的大改革之前，维也纳大学一无是处。1867 年后它开始

成长;在世纪末达到了一个高点。最高水平则是从19世纪90年代至1914年,它在战后的20世纪20年代再次复兴。而在30年代初就衰败了,不仅是在经济学方面,所有方面都如此。

提问者4:我观察这一时期时,很多人——战前如此,对战后的年轻人来说也是如此——常常把自己描述为实证主义者或反实证主义者,我很难理解实证主义在当时究竟意味着什么。

哈耶克:这几乎都是受物理学家恩斯特·马赫和
他的弟子所影响。马赫在哲学上是当时最有影响的人
物。在那个时候,除了我参军前读过的书外,我认为自
己对现在几乎不愿意称之为哲学的那种东西——我认
为将其描述为科学方法更为恰当——的了解是取径马
赫哲学的。马赫哲学在科学史方面总的来说非常优
秀,并主导了维也纳的讨论。约瑟夫·熊彼特(Joseph
Schumpeter)已经彻头彻尾地迷上了马赫;而且当我还 41
在读大学时,一位非常有趣的人物莫里茨·石里克担任
了哲学教授。维也纳学派就是从石里克开始的。当然,
我从来不是其成员,只是学派成员与我们联系密切。其
中有一个人,费利克斯·考夫曼(Felix Kaufmann),应

该是我们这个特殊的圈子“精神小组”的成员，同时也是石里克圈子维也纳小组的成员，因此我们对那里发生的事情时有风闻。

令我却步的是那些社会科学家，他们恪守奥托·诺伊拉特(Otto Neurath)的传统，在经济学上是如此的极端又天真；正是通过他们，我才意识到实证主义在社会科学领域的误导性。我将其归结到我认为行不通的诺伊拉特的极端立场上。我真的花了很长时间，才把自己从中解放出来。在离开维也纳，抵达伦敦时，我才开始系统思考社会科学领域的方法论问题。我开始意识到，这个领域的实证主义绝对是有误导性的。

有一次，我自伦敦访问维也纳，在与友人戈特弗里德·哈伯勒(Gottfried Haberler)讨论时，向他解释了我自己得出的结论，即马赫学派的实证主义对我们的目标并无好处。然后他反驳道：“哦，维也纳实证主义者圈子里有一个叫卡尔·波普尔的人出了一本很不错的新书，讨论科学研究的逻辑。”因此我成了这本书的早期读者，那时候它才刚出版几个星期。我发现哈伯勒对这本书出现的背景有着极大的误解。虽然它在形式上出自那个圈子，但其实是在攻击那个系统。而对我来说，这本书之所以如此令人满意，是因为它证实了我由于拥有同卡尔·波普尔非常相似的经历而形成的那种特定观点。卡尔·波普尔比我小四五岁*，所以我们不属于同一代学人。但是我们思想形成的环境是极为接近的。这个环境以一方面和马克思主义者商榷，另一方面又和弗洛伊德主义者商榷为主轴。

这两个团体都有一个非常恼人的特点。他们坚称，其理论在原则上是无可辩驳的。我还记得在一个场合与弗洛伊德主义者争论时，我突然开始明白这一切是多么荒谬。他们解释道：“哦，好吧，这是死亡本能造成的。”我说：“但这不可能是死亡本能造成的。”
“哦，那么这是由于生的本能造成的。”自然，如果你选 42
择只用这两种替代方案来解释事情，就根本无法检验理论是不是正确的。这使我理解了波普尔主要的系统性观点：实证科学的检验标准是它可能被驳倒，而任何声称自己无法被反驳的系统，从定义上来说都是非科学的。我不是一个训练有素的哲学家，因此没能具体表达出这一点。对我来说，意识到这一点就足够了，但当我发现这样的观点在波普尔那里得到了明确论述和证明时，我就接受了波普尔的哲学，因为它阐明了我

* 卡尔·波普尔生于1902年7月28日，实际上只比哈耶克小三岁多。

一直以来的感觉。

自此,我就和波普尔步调一致。虽然在维也纳时还不认识,但我们最终成了非常亲密的朋友。在很大程度上,我同意他的观点,尽管并不总是紧跟其后。波普尔有自己的有趣拓展,但总的来说,我在哲学问题上相较他人更认同他一些。

提问者6: 在多大程度上,维也纳给人一种思想自由的感觉?你能不能把思想自由和莫扎特、贝多芬、瓦格纳等人使音乐在维也纳繁荣做一个比较——有什么可以比较的吗?

哈耶克: 我不认为维也纳有太多自由的感觉。可以说,在大学里,关键在于你不必局限在自己的学科之内。我肯定和其他人一样,在另外领域的课程上,花了和在经济学上一样多的时间。名义上我是学法律的,但它没有挤占我全部的时间,或者说我还是能挤出时间来。我从早到晚都待在学校里,但科目一直在切换,很容易能听到艺术史、古希腊戏剧或其他方面的课程。奇怪的是,心理学在战时有自然消亡之虞。战争期间,有两位杰出的心理学家战死,还有一位[阿道夫·斯托尔]在死亡边缘痛苦挣扎,却仍每日坚持讲课,但你能看得出这个曾经才华出众的人，现在讲话措辞都十分费力。不过他足够有趣，故而能吸引我。对其他人来说也是这样的。

上述的一切都发生在复员军人从战场上涌入大学 43
之际。学生人数是往常的三倍，其中十有八九的人都想尽快拿到学位。不过，我们中有一些人像我一样，确实在同样短的时间内，不仅拿到了法学的一等学位，而且还研习了五六门其他科目。大学鼓励这种做法，也从来没有任何考试。

我还参加了另外一些我本来没权利参加的课程。我在大学里四处走动，考验别人。并尝试接近一些人，比如著名的保罗·卡默勒（Paul Kammerer）——你也许记得这个名字，阿瑟·库斯勒（Arthur Koestler）写过一本关于他的书。这是一个相信自己可以证明后天特征具有遗传性，并一时声名鹊起的人。还有一些颇具创新色彩的人物。同样在大学里，在人们所称的专职人员以外，还有一些只拥有讲课资格的编外讲师，他们有自己的思想，不参加任何组织性的谋划，但也尽全力说服学生接受其想法。所以，20 世纪 20 年代的维也纳大学在多样性方面是无限的。

提问者 6：这听起来很像马克思时代的柏林大学。同样的咖啡馆氛围，杰出的年轻人进来各申其说。当然我想在他们的情境下，黑格尔会是最重要的人物，就像马赫在你们那个时代一样。

哈耶克：也许是这样。我是说，我熟知的那个维也纳大学和现在的维也纳大学之间的差别——当然这是另一个话题——是很大的，以至于我现在避免去造访维也纳。不过在其他方面，维也纳都恢复得不错。它在经济上日渐繁荣，这很好。不过我记忆中的维也纳极度贫穷，却伴之以超乎寻常的智识刺激。当时执教的人绝对是第一流的。每位授课者，可以说几乎每一个，都很有智慧，也都已经有其贡献。他们必须如此才能赢得学生。如果一个人不怎么样，就不会有任何学生。

提问者6：除了中世纪有这种情况以外，我从来没有听说过这样的大学。你的意思是说，课程的确有其分量，而学生去听课确实是因为课程很好。我在想，你这样在各处奔走学习的人，那时是不是很常见？

哈耶克：我们有一小拨人确实是这样做的，非常小的一群人。但绝不止我一个人。有些和我讨论的朋友，他们会尝试学习其他的东西，然后会告诉我，这个
44 或那个是值得去的，因为他们体验的方式和我一样。

提问者6：让我们回到最初的问题。当时维也纳发生的事情，还有那种开放性——如果可以说是开放

性的话，我推测一定有过——与大学里发生的事情有关系吗？因为大学听起来是另一个同样重要的思想分享的实验场所。

哈耶克：大学是个自成一体的世界。在大学里，至少在法律系，经常有非常激烈的政治讨论，涉及组织化的社会主义者和共产主义者。事实上，即使是我这种此后从未加入过政党的人，在 1918 年至 1921 年还是学生的时候，也和朋友们一起组织了“德国民主党”，以便使天主教徒一方和社会主义者、共产主义者一方之间有一个中间团体。

抛开这些不说，我的确比正式年限提前一年完成了法律学习，因为我有退伍军人的学分，这意味着我能够以更短的时间毕业。我的确也做到了，尽管并发症缠身——我复员时就带着很严重的疟疾。我的身体状况不太好，但隔天因为高烧要在家里过夜并没有影响到其他方面。

在经济学方面，这个时期我参加了哪些讲座，读了哪些书，都有相当详细的资料。我开始在维也纳大学学习的时候，它的法律系是非常出彩的，但彼时的经济学系几乎没有什么代表人物。法学系有一些伟大的学者，如罗马法方面的莫里茨·弗拉萨克(Moriz Wlassak)和刑法方面的卡尔·施托斯(Karl Stooss);还有一些杰出的讲师,如埃德蒙·贝尔纳齐克(Edmund Bernatzik,我在读大学一年级时选修了由他教授的百科全书般的政治科学导论课,但他在课程中途就去世了);还有一些特别的教师,如商法的奥斯卡·皮斯科(Oskar Pisko)和刑法的亚历山大·勒夫勒(Alexander Loeffler)。

数月之后,曾任奥地利帝国最后一届政府商业部部长的弗里德里希·冯·维塞尔再度执掌经济学教席,尽管我与他更密切的接触只发生在大学最后一年和获得学位的次年。当时,一个名叫奥特玛·施潘(Othmar Spann)的年轻教师在短时间内有
45 着很大的影响力,他大概位列政治经济学讲席教授的第二把交椅,并以他的热情、不拘一格和对学生个人活动的兴趣成功地吸引了学生。

我不认为我从施潘那里学到了多少,反正在关于方法论的讨论课上肯定没学到多少。那是我第一次参加讨论课,其内容远超我的理解能力,而且我相信大多数的参与者也听不懂。但他确实让我读了几本好书,特别是卡尔·门格尔的书,他当时并没有像后来那样激烈反对门格尔。从施潘的《经济学基础》(*Fundament der Volkswirtschaftslehre*)中,我吸取了一些关于经济理论中手段-目的结构逻辑意义的有益想法。我和施潘相处的时间并不长,有一小段时间,我被视为他最喜欢的学生之

一，但很快他就说我吹毛求疵的批评给年轻学员造成了困扰，因此实际上把我排挤出了他的讨论课。

提问者 6：我的第一个问题是关于门格尔的。他不愿出版著述，却在思想上有着巨大的影响。那么，门格尔作为一名老师或作为一个人，有什么特点使得这些思想在他很少动笔的情况下还能发扬光大？

哈耶克：这也是我经常问自己的一个问题。我几乎不认识门格尔。我只见过他一次，当时他大约八十岁，早已退休，走在一排学者中间；这个故事的有趣之处在于，后来在我为他写传记文章，编辑他的作品时，只有一句话我是根据自己经验写的，这竟成了唯一一处错误。因为他是个令人印象深刻的人物，所以我就把他描述成一个魁梧之人，后来大家都指出了我的错误：他其实只是中等身材。他是如此让人印象深刻，以至于见过他之后，我就把他描述成高个子了！

在他退休时，他的研讨会聚集了一小撮非常有才华的人——往往是已经担任重要职务的从前的学生——他们定期在一家咖啡馆里聚会：可以称之为"门格尔圈子"。19 世纪最后三分之一的时间里，门格尔圈子如日中天，而由于他在 1903 年退休，其影响力在20世纪初就所剩无几了。在第一次世界大战期间，他的学生中最有权势的人物欧根·冯·庞巴维克(Eugen von Böhm-Bawerk)谢世，卓越的教科书评注者欧根·冯·菲利普斯贝格·菲利波维奇(Eugen von Philippsbery Philippovich)也去世了。事实上连第三号人物，也就是我后来的老师弗里德里希·冯·维塞尔也暂时离开了大学。所以当我于1918年从战场回来
46 后，三位伟大的老师都没有在执教。事实上，经济学系当时由一位经济史学家执掌——虽然是临时的，不过也相当滑稽了，他是一位社会主义者，后来成为著名的马克思主义—弗洛伊德派的法兰克福社会研究所创始人。但维塞尔最终还是回来了。

提问者6：此人是谁？

哈耶克：他的名字叫卡尔·格林贝格(Karl Grünberg)。之后加入法兰克福社会研究所的人都是19世纪马克思—弗洛伊德传统的代表人物。他本人是侧重这一方向的经济史学家，是那种能使名下研究机构变成政治性机构的学术负责人。但这完全激不起我们的兴趣。后来维塞尔回来了，他成了我的老师。

提问者6：学生们会不会和资深教授喝咖啡谈天？

哈耶克：有一种情形我记得很清楚，那就是晨课，

学生如果想请教教授就会来参加。学校街对面的咖啡店虽然价格适中，但对学生来说还是有点奢侈。那时维也纳的咖啡馆，买一杯咖啡就可以在那待上一整天，这对于比普通学生生活水平稍高的知识分子来说非常有吸引力，不过大学里面向学生的咖啡还是更便宜。教授在讲完课后会去喝杯咖啡，并且接待其他人。

我猜测，当然也不确定，门格尔应该也像我认识的年轻人一样，会在兰德曼咖啡馆和朋友们聚会，但就他的情况来说，更重要的是，这些人并非他当下的学生，而是从前的学生，他们以圈子的形式定期聚会，讨论时政。虽然门格尔在当时奥地利的政治圈里并不活跃，但作为19世纪自由派的一股幕后影响力和知识核心，他是非常重要的。那些在19世纪70年代师从门格尔的高级公务员，会在19世纪90年代和20世纪初，每周来与门格尔交谈一次。

提问者6：庞巴维克的讨论课呢？我们来谈谈这个吧。

哈耶克：那是完全不同的一回事。他的讨论课是学术进展的中心。你能从中看到，庞巴维克和维塞尔是完全不同的人物。这是很奇怪的，他们完全处于同一时代，是校友，也是大学同事，有连襟关系，研究课题 47

也相同,一起读的德语大学,但对待科学的态度完全不同。我写过一篇题为《两种心灵》("Two Types of Mind")的论文,部分构述就来自这种对比。庞巴维克是其学科绝对的大家,他知道一切事物的答案;任何前人讲过的东西他都知道,他对所有东西的概念都了然于胸。

提问者6: 而维塞尔则难以捉摸。

哈耶克: 人们为了避免某些困难,总是带着简化的倾向。维塞尔是个慢条斯理、深思熟虑的人,对他来说没有什么是简单的,所有东西都非常有难度,他讨厌就任何事进行讨论,因为那样他就不得不迅即给出答案。他希望让自己的思考凌驾于所有这些事情之上。

提问者6: 我们很少听说维塞尔的学生,却常听到庞巴维克的学生。这中间有什么缘故?

哈耶克: 是的,讨论课本身风格各异。庞巴维克的讨论课让人意兴盎然。除了自己学派的主要原创思想家外,他还与不少当时的社会主义者,像奥托·鲍尔(Otto Bauer)这样的人进行激烈的讨论。庞巴维克讨论课上的内容,会引起全校范围的议论。维塞尔的讨论课则很安静,主题就只有一个理论问题——通常是一篇精心准备的论文,和任何形式的热点问题都不沾边，参与者会把它剥解得七零八落。庞巴维克的讨论课在第一次世界大战前就停止了；他逝世于1914年。我具体了解的只有维塞尔的讨论课。从理论方面看很有意思，但没有什么值得兴奋的。

提问者6：你是两个都参加了吗？

哈耶克：庞巴维克去世时我才十六岁。我认识他纯粹是一种偶然，因为他正好是我外祖父的朋友，19世纪80年代也在因斯布鲁克任教授。可能会让你感到有意思的是，他们曾经一起爬山，可能还在19世纪80年代一起爬过一些没人去过的山峰。我外祖父去世之前，我曾经在他家见到过庞巴维克，那时我还不知道"经济学"这个词是什么意思。他只是我父母和外祖父母的亲密朋友。后来，我见过他的遗孀，也就是我母亲娘家那边的一个朋友；我母亲叫她"姨妈"，因为他们在萨尔茨堡相处过好几年。 48

提问者5：奥地利经济学家对你影响最大的是什么？

哈耶克：我是维塞尔的直系门徒，一开始他对我影响最大。我是在拿了学位之后才真正认识[路德维希·冯·]米塞斯的。虽然我当时肯定不会理解，但

> 我现在意识到，对我来说的决定性影响倒是读了门格尔的《经济学原理》。可能使我获益的不仅仅是《经济学原理》，还有《方法论》那本书，而且不是因为它在方法论上的讲述，而是因为它就一般社会学所讲的内容。那本书对制度自发生成的概念的阐述比我所知道的任何著作都更好。

差不多从大学生涯一开始，我就与维也纳犹太知识界最优秀的那批同侪建立了联系。事实证明，他们在文学教养和一般的成熟度方面远胜于我，这对我的影响是难以估量的。一种想在成就领域挑战同侪的雄心开始对我的工作产生某些影响，而且由于当时我的兴趣可能较之他们更广泛一些，所以我比他们做了更多的研究——在法律和经济学研究方面与他们保持同步，并在各种讨论课上都被公认为处在前半段甚或是优秀成员。我最后不仅弥补了失学的一年时间，还比我最亲近的伙伴早了几个星期拿到法学博士学位，这是一个小小的胜利，它使我对我能实现自己想做的事情充满了信心。

也许比起在实际的大学岁月里学到的知识，我在随后的一段时期里更多地获益于在犹太同侪约瑟夫·赫伯特·冯·菲尔特（J. Herbert von Fürth，我与他的关系比其他任何一个人都要密切）的建议之下参加的小组，我们坚持在每两周举行一次的讨论会中碰面。其他成员几乎都是对哲学、历史和文学兴趣浓厚的律师。他们现今几乎都在美国。麦克斯·明茨(Max Mintz)、埃里克·沃格林(Erik Vögelin)、阿尔弗雷德·舒茨(Alfred Schutz)、沃尔特·弗勒利希(Walter Fröhlich)、费利克斯·考夫曼,还有后加入的戈特弗里德·哈伯勒、奥斯卡·莫根施特恩(Oskar Morgenstern)、弗里兹·马克卢普(Fritz Machlup)以及弗雷德里希·恩格尔-雅诺西(Friedrich Engel-Janosi)。在我刚获准加入这个圈子时,圈子里部分人也在米塞斯的私人讨论会碰面,这对我也是一个很大的激励。

在那个时期,我从这些犹太或半犹太血统的朋友那里收获的一点感悟在于,他们比我自己的圈子更有国际视野,法语和英语知识界发生的事情对他们来说几乎和德语知识界发生的事情一样熟悉。要参加他们的常规讨论,就要熟悉一些人的观点,而 49
我则发现这些名字对我来说是很陌生的,比如伯特兰·罗素(Bertrand Russell)或 H. G. 威尔斯(H. G. Wells)以及马塞尔·普鲁斯特,还有贝内戴托·克罗齐(Benedetto Croce)。我的朋友显然大多数都属于进步知识分子,他们多少有点社会主义倾向,但总体还是处在 19 世纪自由主义的背景下。他们有野心也有能力,而且毫无例外都从大学预科得到了比我更全面的一般性知识储备,此外还掌握了外语以及至少是大略的艺术与文学知识,我对此只有羡慕的份。我从他们身上学到最多的也许是,为了精神性需求而真诚投入,并不意味着生活技能上的笨拙,在某一领域的特殊天赋也并不是放弃学习如何将其加以更好地利用的借口,对机会的无视在很大程度上也是一种懒惰或者对必要工作的偏见性歧视的后果,就如同缺乏使自己成为有用之人的能力一样。虽然一般而言这些人来自比我富裕的家庭,而且他们在对抗其所遇到的偏见时常紧紧团结在一起,但他们那时处在这种偏见中,仍要克服比同等能力、出身良好的基督教徒更多的障碍,对后者来说,维也纳的每一扇门都向其敞开。

提问者6:是反犹主义使得米塞斯无法获得教授的职位吗?

哈耶克:因为这个论断会带出非常敏感的问题,所以我们还是要谨慎看待。不过人们普遍都认为,而且米塞斯本人也断言,他从未获得教授职位正是因为反犹主义。其实我怀疑事情没有这么简单,因为法学院有一半教师都是犹太人,米塞斯为什么没有得到教授职位是个非常特殊的问题;我想我从来没有公开讲过自己对这个问题的回答,但我可以告诉你,犹太人想要得到教授职位必须有犹太同胞的支持。足够杰出的犹太人也必须要获得他人的支持,因为只有被指定的犹太人才可能拿到教授职位。教书的犹太人都是社会主义者，而米塞斯是反社会主义的，因此他无法得到同伴的支持。所以他没有拿到教授职位的原因并不真的出在反犹主义上，而出在他得不到犹太同事的支持上。这是非常好笑的事情，我讲出来是有点犹豫的，因为这种事情没办法证明。不过我很确定应该就是这样的。 50

但如果不考虑犹太人问题，20 世纪 20 年代和 30 年代的维也纳就无法得到理解。它不是单纯的基督徒和犹太人之间关系的问题，而在于两方之间有着非常庞大的中间群体，他们一部分是受洗过的犹太人，另一部分是与犹太人交好的基督徒；纯基督教团体和混合团体之间有着密切的联系，混合团体与犹太人团体之间也有密切联系，但两个极端团体之间则没有任何接触。我是最近被人问起当时在维也纳认识哪些大人物时才察觉到这一点。比如我认识埃尔温·薛定谔（Erwin Schrödinger）；维特根斯坦我当然也认识，还有别的一些人。然后他问起弗洛伊德，我几乎不可能认识他。为什么呢？因为他属于纯粹的犹太人团体，这不在我熟人圈子的范围内。在混合团体里，我有很多非常亲密的熟人。因为我就在这个团体里活动，但要碰到属于纯粹犹太团体的人，就不太可能了，因此说我是维也纳人就应该认识弗洛伊德，在我看来是没有道理的。

提问者6：弗洛伊德自己不是做了很多年的编外讲师吗？那他有没有在大学里担任职务？

哈耶克：从来没有。米塞斯和弗洛伊德都有"教授"的头衔，不过就纯粹只是一个头衔而已。他们是编外讲师，拥有教学的执照，所以被称为"教授"，但从来没有从大学领过一分钱。

提问者6：你能说说你和表兄路德维希·维特根斯坦的关系吗？

哈耶克：我算不上很了解他，固然我认识他的时间比任何现在［1983年］还健在的人都要长得多。我首先回想到的就是从前线回来休假的一天，在奥地利巴特伊施尔的火车站，两个穿着军装的炮兵少尉互相看了看，说："你看着很面熟。"然后我们互相问道："莫非你是维特根斯坦家的人？""莫非你就是哈耶克家的人？"我当时并不知道，不过现在肯定知道了，在返回前线时，他的背包里肯定已经装着《逻辑哲学论》（*Tractatus Logico-Philosophicus*）的手稿。从巴特伊施尔到因斯布鲁克夜行途中与他相聚时，他对喧闹人群中复员年轻军官半醉半醒的状态嗤之以鼻，他有一种对世界的蔑视，这已经展露了这个人的许多精神特质。

后来我有很长一段时间没有见到他，但我听说了很多事情，因为他的大姐是我母亲的密友。我母亲和 51
她也是表姊妹，她经常来我们家。有关这个疯狂的年轻人的谣言一直零零碎碎地流传着，但是她始终维护着维特根斯坦，我就是这样了解他的消息的。

不过我是后来在剑桥才开始和他熟识的。战前我在那里见过他；战争后半段他回来时我也见过他，但我们从来没有真正谈过哲学。我对他的个性印象很深。我们最后一次讨论的东西涉及政治。我们都从维也纳返回，但我的行程在巴塞尔中断了，夜半时分又在那里踏上一辆卧铺车，结果发现卧铺车上的同伴竟是维特根斯坦。第二天早晨稍早的全部时间里，在他看完侦探故事后，我们先是谈到维也纳和在维也纳的俄国人，然后将话题引向了哲学和伦理问题；对当时看到的俄国人的情况，他极为沮丧。正当讨论得兴意盎然时，我们抵达了轮渡口岸。虽然他说“我们要继续聊下去”，但他显然后悔这么说了，因为我在船上没找到他，从此也就再没见过他。

维特根斯坦有四分之三的犹太血统。不过就像你们大概知道的那样，他的家庭在维也纳社会是很有名的。维也纳的犹太人问题只是在波兰移民涌入后才变得尖锐起来。而在维也纳有一个定居已久并得到认可的犹太人群体，其中一部分是本地人，另一部分来自匈牙利或波希米亚，他们已经获得了接受和承认。当贫穷的波兰裔犹太人移民过来时——有在战前来的，也有一部分则是为了在战争中逃避俄国人——才出现了激烈的反犹主义。维也纳挤满了大家之前不了解的一类犹太人，他们戴着帽子并蓄着长胡须，之前我们没有见过这一情形。而反犹主义正是针对他们而起的。

提问者 6：那是 20 世纪 20 年代还是 30 年代？

哈耶克：在第一次世界大战期间他们移民过来时还风平浪静，反犹主义是在 20 世纪 20 年代和 30 年代发展起来的，但移民发生在第一次世界大战期间。

提问者 6：所以你认为自己属于这个混合团体——

哈耶克：我的家庭不属于，我们家属于纯粹的基督徒团体；而我在大学的环境下加入了混合团体。我必须承认，身处犹太朋友当中，有几件事情让我很反感。最
52 糟糕的是我被禁止谈论关于犹太人的事情；他们总是这样。即便是“他有犹太腔吗？”这种他们经常讨论的话题；如果换作由我来提出，就会招致他们的不满。

在维也纳的犹太人社区里，有些[关于我们家是

不是犹太人的]猜测。其中有件事情让我觉得很有趣。我的弟弟海因茨从各个角度来说都长得比我更不像犹太人,但他竟然有一头深色头发,是黑色的。有一年去施瓦茨瓦尔德的家中过夏天,恰巧在弟弟过来的时候,我偶然听到了犹太人圈子里的谈话,大意是说他看起来像犹太人。

我自己对此充满好奇心,花了大量的时间研究我的先祖。我全面掌握了五代人的完整信息。而且由于他们恰好都是长子,所以更有把握他们的血统源自父母那里;结果在我可以追溯的范围内,根据现有证据来看,我没有丝毫的犹太血统。

我本该主修法律,而且经济学只是最终(博士)考试的三大科目之一。然而,我不仅以优等成绩通过了大部分考试,而且还成功地(借着对归国士兵的特殊照顾)用三年时间(在1921年11月)而非通常的四年时间取得了学位。在很长一段时期里,我的关注点徘徊于心理学和经济学之间,后来主要是对经济学感兴趣。

不过,我要先谈谈我对生理心理学问题短暂而强烈的关切,在1919年到1920年里这占据了我相当一部分精力。它主要由我对恩斯特·马赫著作的兴趣而起。当时,马赫的著作在我的上一代人中间非常流行。正是在阅读他的哲学著作时,我萌生出一些想法,并试图在 1920 年的一篇短文中加以解释,最后当然是徒劳无功的;不过三十二年后,它终于被放在《感觉的秩序》中出版。那时我不得不动手自学以获得心理学知识,因为学院里唯一对这些问题感兴趣的教员——哲学家阿道夫·斯托尔,一个相当有趣的人——已经病入膏肓,无从向他请教了。他和德国哲学家阿洛伊斯·里尔(Alois Riehl)给了我足够的鼓励,使我能坚持不懈地努力,后者的工作给我留下了深刻印象,
53 我曾把论文的初稿寄给他。1920 年 9 月,当必须为了重要的法律考试而进行系统的学习时,我把那篇文稿放在了一边——当时我想,这只消一小会儿;然而,直到 1946 年左右,我才再次认真考虑这些议题。

严格来说,我只在一个学年(1920 年至 1921 年)里集中学习了现代法律,虽然也在头脑中留下了些许印象,但我掌握的法律知识更多得益于三个学期的法律史课程,特别是罗马法,而非这一年的应试补习。一俟应试结束,我就转而学习经济学,对此投入了学习之余的闲暇时间,在最终的考试结束之前也不例外。

关于我进入经济学理论,决定性的一步也许是让我明白经济理论是怎么回事的那个场合。在大学第一年,有人把我介绍给了一群单一税制倡导者博登改革派[德国版的亨利·乔治学派,由阿道夫·达马舍克(Adolf Damaschke)领导],他们说服我

阅读一篇关于李嘉图地租理论的文章。它即刻使我着迷，我对单一税制的热情很快消退了。我不记得当时发现了它的什么缺点，因为如今在我看来，它似乎是所有社会主义主张中在理论上最能站住脚的，而其无法施行的原因只是在于，事实上不可能在土地原始和永久的生产力以及对它进行的各种改良之间做出区分。

大学三年里，除了在慕尼黑的那几天，我有两次机会造访国外：1919 年至 1920 年冬天，我在苏黎世逗留了大约六到八个星期（当时维也纳大学由于缺乏供暖燃料而关停），以及 1920 年 8 月下旬和 9 月，我去挪威的一个庄园（在内陆，靠近米约森湖的哈马尔）住了三四个星期。这两次出行都是应我父亲的植物学家同行之邀，这算是他们为营养不良的德国和奥地利孩子所尽的部分努力吧。他们想帮助朋友刚从战场上回来的儿子，而他除了需要一些食物，还受着疟疾之苦（经过挪威之旅后，我似乎痊愈了）。

苏黎世之行在智识方面对我亦相当重要。除了弗里茨·弗莱纳（Fritz Fleiner）关于教会法的课程（这是我听过的最精彩的大学课程之一），在苏黎世大学听课给我带来的最深远的影响是，有位年轻讲师花了一些时间谈论某位作者的新书，《认识论》（*Erkenntnislehre*），讲师的瑞士发音使我以为作者叫“Moritschlick”——结果有一段时间我都找不到他的书。但在回 54

到维也纳之后，我很快发现作者就是新任命的哲学教授莫里茨·石里克。他是第一个让我相信哲学是有意义的人，而在此之前，我只是通过恩斯特·马赫的作品对此有所察觉。我在脑解剖学家冯·莫纳科夫的实验室工作了几个星期，在人脑的不同部位追踪纤维束。除此之外，1919 年至 1920 年的苏黎世让我头一次感受到“正常”的战后社会是什么样子，而维也纳那时仍处于通胀和半饥饿状态的阵痛期。

我着急拿到学位的一个原因在于，我曾希望在参加工作之前，能在一所德国大学里待上一年。我在意大利前线的那一年，马克斯·韦伯(Max Weber)曾在维也纳教书，等我第二年回来时，大学里到处都在谈论这位伟人。事实上，我从父亲那里得到了一部分的承诺，在维也纳拿到学位后，我可以去慕尼黑一年。然而，还没等到那时候，马克斯·韦伯就去世了，而奥地利处在通货膨胀的后期，这也使得父亲无论如何都没法支付我前往德国学习一年的费用。因此，我在 1921 年那个漫长的暑假之后便开始找工作。而后，在 1921 年 10 月我通过最后一次考试之后，还未被授予学位之前，我就开始在维塞尔的推荐下去政府办公室工作，而米塞斯是该办公室的负责人之一。这是一个为执行和约相关财政条款而设立的临时机构，叫作“会计办公室”。

进入会计办公室后，我继续在大学里注册攻读政治学博士学位，并从 1922 年夏天开始撰写关于派算理论的毕业论文，因此我在 1923 年 2 月或 3 月，也就是在去美国之前，获得了第二个学位。虽然我在这项研究以及关于价值派算的文章中学到了很多东西，而且由于后者也收获了一番好评，但我更希望这篇论文没有副本流传下来。（它只是以几份打字稿的形式留存，据说维也纳大学图书馆有可供公众查阅的副本，但人们找不到它的踪迹。）

我于 1923 年 3 月至 1924 年 5 月对美国的访问，是在洛克菲勒奖学金及类似奖学金向中欧学生开放之前，自己冒险进行的。我想清楚了，对一个经济学家来说认识美国是极其必要的；1922 年春天，当我在维也纳见到纽约大学的耶利米·W. 詹克斯（Jeremiah W. Jenks）教授时，这个机会出现了。我将这个愿望告诉他时，他说自己正计划在下一年写一本关于中欧的书，如果我前往纽约，他可以雇用我做几个月的研究助理。 55

于是我在 1922 年夏天通胀结束到 1923 年初之间，设法攒够了去纽约的单程旅费。到了美国后，我的口袋里只剩下二十多美元，却发现詹克斯教授已经去度假了，并留言说不要打扰他。在把熊彼特（他是比德曼银行的总裁，不久后该银行就倒闭了，我曾为此找过他）写的介绍信交给诸位经济学家，而他们都没有给我提供任何机会之后，我的期望值越来越低，开始找工作。

由于英语能力不足，而且当时正值商业衰退期，我深感前景渺茫。两个星期后，在我的资金完全耗尽时，我终于被第六大道的一家餐馆录用为洗碗工——但我从未真正开始这份工作，因为在我要去报到上班前一个小时，有个电话打来说詹克斯教授已经回来了，准备雇用我。我为他工作了半年左右，每月获酬一百美元，生活费要花去其中的六十美元，还要在这段时间存够返回欧洲的费用。此后，詹克斯在纽约大学帮我争取到一份小额奖学金，本来只比学费多一点，我却靠这笔奖学金住在基督教青年会，又勉强维持了九个月的生活。

虽然我正式注册是在纽约大学，并在 J. D. 马吉（J. D. Magee）的指导下撰写了博士论文，但我硬生生挤进哥伦比亚大学听了很多课程，特别是韦斯理·克莱尔·米切尔的经济史课和 J. B. 克拉克（J. B. Clark）主持的最后一次讨论课——在课上我做了最后的论文宣读。

在纽约的头六个月里，我一边在纽约公共图书馆为詹克斯工作，一边利用业余时间，把在维也纳构想的关于价值派算的论点发展成一篇文章。当初，维塞尔答应将它收入《政治科学手册》（*Handwörterbuch der Staatswissenschaften*）里，但它最终刊在康拉德的《年鉴》（*Jahrbücher*）当中。整体上来说，我对前面一年多占据我全部精力的那些课题有些厌倦，如主观价值理论或社会主义下的经济计算问题，我在寻找可以利用访美之便来完成的合适的描述性课题。（在纯理论领域，我发现美国大学有些令人失望,但新近发展起来的对经济时间序列的统计分析技术,其中有很多对我来说则是新颖的事物。)我很快就开始为一本关于联邦储备系统发展的书收集材料,并打算在回到维也纳以后动手撰写,但最终的成果只是把几个部分整合起来的一篇 56
发表于《国民经济学杂志》(*Zeitschrift für Volkswirtschaft*)的关于美国近来货币政策的文章,以及在《奥地利经济学家》(*Österreichische Volkswirt*)上发表的关于联邦储备系统的讲稿,分别题作《1920 年危机缓和以来美国的货币政策》("Die Währungspolitik der Vereinigten Staaten seit der Uberwindung der Krise von 1920")和《1914 年改革以来的美国银行业》("Das amerikanische Bankwesen seit der Reform von 1914")。

在我结束詹克斯那边的工作,并在他的帮助下争取到纽约大学奖学金之后,我替威拉德·索普(Willard Thorp)工作了一段时间,帮他的《商业年鉴》(*Business Annals*)收集中欧地区(德国、奥地利和意大利)的各类资料,这份工作使我受益良多,不仅令我了解了产业变动方面的史实,还锻炼了我使用图书馆资源的技巧。索普和 B. H. 贝克哈特(B. H. Beckhart,他在纽约公共图书馆经济学研究室和我共用一张桌子,当时正在撰写关于联邦储备系统贴现政策的书)成了我最常往来的伙伴,或者说是个别我见得比较频繁的人,经由他们我与其他年轻的经济学家也建立了一些联系。

我曾想借洛克菲勒奖学金在美国多逗留一年，也蒙维塞尔举荐，成为该奖的第一位奥地利候选人。但是在获奖通知寄到纽约时，我已在几小时前踏上了返回维也纳的旅途，资金紧张使我不能延误。回到维也纳时，这个消息传到了我这里，但考虑到自己的工作，我当时不愿意也无法立即接受这笔奖金，希望过几年能够再去。但在这个愿望实现之前，我已结婚并接受了另一份工作，这将我绑在了维也纳。事实上，我直到1945年才能再次访问美国。

提问者6：你能回忆一下你与米塞斯共事的情况吗？

哈耶克：我于1921年毕业时，维也纳有一间新的临时办事处，旨在执行1918年和约的某些条款，解决战前各国间的私人债务。米塞斯作为商会代表，是这间新办公室的主管之一。办公室对新人极具吸引力，因为如果一个年轻人学过法律并会说两门外语，那么他就可以在这里得到一个报酬相当高的职位。我就是这些幸运儿中的一个，前去报到时——这不是要记录在案的，说这个是为了让你们觉得好玩——我带着维塞尔的职务介绍信到米塞斯那里。而米塞斯，现在仍
57 犹如在我面前一般，读着维塞尔的介绍信，看着我说：

“维塞尔说你是个有前途的年轻经济学者。怎么从没在我的课上见过你。”不过，他还是给了我这份工作。于是在接下来的五年里，除因访问美国而中断外，我一直在他手下工作，后来我从美国带回了一种大预测的新观念，就是在20世纪20年代由哈佛“经济晴雨表”发展出来的那些东西。米塞斯帮我在同一栋楼里创建了一个研究所，专攻这类研究。

提问者6：这说的是哪年的事？

哈耶克：那是在20世纪20年代的后半期。在20年代前半期，我和他共事于会计办公室。前者确切地说是从1927年到1931年，直到我去伦敦，我一直担任这个研究所的组织者，开始时只有我和秘书，然后逐渐扩大。后来我请莫根施特恩与我合作，并由他接掌研究所。

该所从事的工作是清理两国之间因战争爆发而延宕的某些私人债务，这些债务已经悬置了五年，币值变化等原因又使条款变得极为复杂……那时我已从美国归来；从前我的法语说得相当好，甚至还懂一些意大利语，这是在战争期间学会的。这三门外语，再加上法律，以及经济学，使我有资格从事一份相对来说报酬很高的工作。就政府机关而言，工资很高了，因为那是一

> 个临时岗位。我并非正式公务员，只是临时性的，而工资又比本来拿的高得多。所以即使没有米塞斯做我的正式领导，这也是一个相当吸引人的职位。

必须在这里讲几句，谈谈我和路德维希·冯·米塞斯之间不同寻常的关系，我后来从他那里学到的东西可能比其他任何人都多，虽然在传统意义上他不算是我的老师。我相信，在我还是一个普通学生时，我只去过一次他的课堂，而且还很不喜欢他。我清楚地记得，在 1921 年我向米塞斯致电，申请到他担任主管的政府办公室工作时，带着一封由维塞尔写就的措辞友好的介绍信。在信中，我被描述为一个相当有前途的青年经济学者，我对于将会面对什么样的人只有一个模糊的概念，而米塞斯对我是完全陌生的，他以礼貌而有所保留的态度接待并接受了
58 我这个他在大学里从未见过的候选人。

受雇于米塞斯办公室后，我们的来往变得密切。在此后的八年里，他毫无疑问是我接触的人中让我受益最多的，不仅体现在智识的激发上，而且也表现在他对我生涯的直接帮助上。他不是一个因循守旧的(临时)公务员，很快就给我提供了机会，把我安排到重要的新岗位上，而按照惯例这些工作要雇用更资深的人。仅仅过去一年半[1923 年]，我就决定去美国深造，这时他为我铺平了道路，争取到必要的假期以及有利的经济条件，

使我的计划得以实施。

回国后,我参加了他在办公室举行的晚间私人研讨会,而我估计在我离开维也纳之前,这个研讨会就进行了一段时间。在20年代中期,这里堪称维也纳最重要的经济讨论中心,而且它还为改组后的国家经济学会输送了核心成员,在这个学会中断了几年之后,我使它再度运行起来,意在弥合米塞斯及其小组和大学里汉斯·迈尔(Hans Mayer)的小组之间日益扩大的鸿沟。

奥地利商业周期研究所的创立也要归功于米塞斯,这一构想源自他,在他把我以科研助手的身份引入他主业所在的商会(目的是在其指导下在那里建立一个经济研究部门)的尝试失败之后,他希望为我提供一些机会。这个机会出现得正是时候。我是在1926年夏天结婚的,而此时会计办公室(我妻子也受雇于这里)临时公务员的职位无论在收入还是前途方面都已变得令人不满意。这份工作甚至没给我留出太多的自由时间,我不可能再以当时的节奏既在办公室工作又同时进行自己的研究。

研究所的构想是我同米塞斯谈及在美国目睹的经济研究现状时产生的,虽然他把写出各种筹备事务的备忘录和组织细节的工作留给了我,但是说服各政府机关和贸易组织提供资金的人是他,并且他还委任我来执掌这个机构。自研究所成立(1927年1月1日)以来,米塞斯就不断给我提供一切必要的帮助,但在实际事务的运作上却完全交给我做。

提问者6：你至少目睹了德国的大通胀。奥地利
59 是否也经历了这些？

哈耶克：此前有过。战争刚结束时，奥地利的通货膨胀就开始了。1921年10月我在米塞斯手下做第一份工作时，我的月薪是5 000克朗。可在接下来的那个月，我必须拿到相当于此前三倍的报酬才能维持生活。而到了次年7月，这个数字膨胀到100万。所以，我头十个月的职业生涯就处在时人眼中的大通胀之下，而两三年后德国的通货膨胀率实际上要比这高得多。在当时，货币最后可能贬值到以百万为单位都不算什么的地步。改革之后，则以万为新的单位。这在当时就是恶性通胀了。

等到德国发生通货膨胀的时候，我们已经完全了解它是怎么一回事了。米塞斯作为伟大的货币专家，是唯一教过我们通胀机制的人。当时的他真的是无人能及。他关于社会主义的书那时尚未出版，只完成了关于估算的第一篇文章。有一次，我私下里碰巧得知——当然也可以告诉你——米塞斯的抽屉里放着能助他在任何时刻接掌财政部的文稿，他也希望得到征召以稳定货币。但他一直都没有机会膺此重任。这是他生平最失望的事情之一。不过，他最终也发现这在

政治上难以实现,而他在国际联盟派往维也纳负责财政的委员会中发挥了相当大的影响力。我不清楚他在多大程度上为国联委员提供了建议,但我猜测,虽然他没有正式参与其中,但最终的稳定措施是以他的建议为基础的。

提问者 6: 根据米塞斯的建议?

哈耶克: 他是维也纳唯一有能力这样做的人。

提问者 6: 有一个故事,也许是无稽之谈,说在这次通货膨胀期间,人们问米塞斯该如何阻止它。他说:“12 点在这栋楼里与我见面。”结果到午夜 12 点,人们在印钞室见到了米塞斯,那里正在印钞票。人们问:“我们如何才能阻止这次通货膨胀?”他说:“听到那台机器的声音了吗? 关掉它。”

提问者 6: 能不能介绍一下米塞斯研讨会的情况?

哈耶克: 这是所谓的私人研讨会,地点在米塞斯位于商会的办公室里,学年中每月举行两次。 60

提问者 6: 可是有一点很重要。你的意思是说,米塞斯在校外教学,而学生没法从这种先进的教学方式中获得学分?

哈耶克: 没有学分,这纯粹是一个清谈馆。

提问者6：在参与者当中，你还记得或听说过哪些人，有没有我们认识并且很重要的人？

哈耶克：首先是处于米塞斯和我中间的那一代人，他们也参加庞巴维克的研讨会。其中有一个姓施特里格尔的人，里夏德·冯·施特里格尔（Richard von Strigl），我们都盼望他能继任教授职位，但他英年早逝了。还有一个叫埃瓦尔德·沙姆斯（Ewald Schams）的人。接着是我这一代人，我算是其中年龄比较大的，不过还有一位同龄人，一位叫斯蒂芬妮·布朗（Stefanie Browne）的女士。现在她用英文拼写名字；我在奥地利认识她的时候，她还叫"布劳恩"（Braun）。我相信，她是我同龄人中唯一还健在的。以前还有一位同年龄的女士，她是银行家协会的秘书，叫莱娜·利泽尔（Lena Lieser），已经过世很多年了。再就是哈伯勒，只比我小一岁。接着，先说比较有名的人，马赫鲁普，他比我小两岁；莫根施特恩，他在普林斯顿；好吧，可以说最多二十个人，其中大约有十二个人定期在米塞斯位于商会的办公室会面，每月两次，与大学没有任何官方的联系，都是从前的学生，讨论的我想主要是科学方法论而非特定问题。即使我们从一个时下非常实际的具体问题开始，也会因为不同经济学派之间的分歧而立刻偏移到别的问题上。

后来，在30年代初，也就是在他们聚会的最后四年，这里成了一个吸引外国学生的重要据点。那是在我离开之后，我对此并不知情，但我知道在随后的几年里，法国、英国、美国的学生都会来上一个学期，参加这些经济学的讨论。就奥地利学派在本国的最后几年来说，这里不仅是学派本身的中心，而且吸引了世界各地的学生前来参与讨论。这些情况我主要是听来的，因为我毫无疑问是第一个离开维也纳的人，早于任何意义上的移民风潮。我从来没有想过自己会移民。但 61
是，如果你在三十二岁的时候得到了伦敦大学的教授职位，你必定会接受它。我从来不认为这意味着自己从此走出了奥地利。这仅仅是我学术生涯中决定性的第一步。自那以后，是这个世界阻止了我的回归。

提问者6：但你对奥地利经济学的解释并没有和米塞斯保持一致。

哈耶克：让我谈谈关键之处。现在我才看清楚，我和米塞斯的关系有哪些问题，它始于1937年我写的关于知识经济学的文章。这篇文章试图说服米塞斯：他断言市场理论是先验的，这是错的；个体行动的逻辑才是先验的，但如果转向许多个体的互动，那么就进入了经验领域。奇怪的是,米塞斯一向对来自学生的批评非常反感,并且一度因为马赫鲁普和哈伯勒对他的批评而与他们决裂。但他默许了我的批评,甚至还赞同我的文章,仿佛他并不知道这篇文章是在批评他的观点。我无法解释这件事。但是,我的看法已经有了不少的进展。我相信现在甚至可以解释,为什么我承认米塞斯对社会主义的批判虽然高明,但并没有真正切中要害。米塞斯最终仍是一个理性功利主义者(rationalist-utilitarian),而认同理性功利主义,就和对社会主义的否定无法相容。

资本主义假定,除了理性洞察力之外,我们还拥有传统的道德禀赋,这种禀赋在演化中经受住了考验,但并不是由我们的智慧设计出来的。我们从来没有因为理解其后果而去发明私有财产,也从来没有发明家庭。这些传统就其本质而言恰恰是一种宗教传统,我和米塞斯一样是不可知论者,但我必须承认,这两种决定性的传统使我们能建立起一种扩展我们视野的秩序,这不可能是我们智慧洞察力的结果,却必定是道德传统的结果。我现在可以说,道德传统是群体选择而非个体选择的结果,我们对这种群体选择可以做事后的解释。但是米塞斯的假设——如果严格意义上我们是理

性的,并且能选定所有的基本原则,我们就可以察觉到
社会主义是错误的——是不对的。如果我们仍然是严
谨的理性功利主义者,那就意味着我们可以根据自己
的喜好来安排一切。所以,米塞斯永远无法脱离那个
我们都成长于其中的基本哲学,即理性在任何事情上
都优于习惯。他从未让自己偏离这一点。就此而言, 62
虽然我几乎接受了他对社会主义的一切批评,但现在
我明白了它为何并非完全有效,因为米塞斯的批评也
还是建立在理性主义和社会主义的根本错误之上的,
即我们拥有能够理性安排一切的知性力量,这在现在
看来和如下主张有所冲突——在某处他说我们无法做
到这一点,而在另一处他却认为,作为理性人,我们必 63
须努力去达成这一点。

第二部　伦敦

在收到去伦敦担任客座教授的邀请前不久，我曾半开玩笑地对妻子说，如果可以规划职业生涯，我希望现在先去伦敦做教授，几年后再回维也纳做教授，然后担任奥地利国家银行的行长；最后，当我结束学者或行政服务工作后，我希望回到伦敦，出任奥地利的驻外使节。除了第一步以外（这在当时是最不可能的，却也是唯一实现了的），在当时的世界态势之下，这些设想绝非不合理的愿望，而且能让我过上一种处在纯学术和公共服务中间地带的生活。在我生命的后半段，我发现这种生活是最令人满意的，即使我不时会渴望彻底隐居的纯学术生活。我事实上被抛入一种纯学者式的生活，这不完全是个人倾向问题，如果我留在奥地利，肯定不会出现这种情况。但是，转到一个完全不同的环境中，我对世事的了解自然远不如同事，以至于我由此在学术之路上被推得相当远，远甚于对纯理论和读书的喜好所能推动我的。

我明白，我之所以受邀前往伦敦经济学院就经济理论做四

场讲座，是因为《储蓄的悖论》（1931）这篇文章给莱昂内尔·罗
宾斯留下了深刻的印象。罗宾斯新近被任命为该校教授，差不
多是我的同龄人，而且也是我在伦敦的岁月中最亲密的朋友。
想起邀请函到我手中的那一刻，我深感荣幸。那时我刚酝酿出
一个有关产业波动机制的论点，恰好能在最初那阵的兴奋之下
很快将其写出来，并同时利用我已经进行了一段时间的观念史
研究所取得的成果。尽管我的英语还难以胜任这项任务［之前
出版的《价格与生产》（1931）经过了罗宾斯的大幅校订］，但讲
座取得了前所未有的成功，特别是我脱稿发挥的地方。这让我 65
获得了 1931 年至 1932 年的客座教授职位，随后又正式受命成
为图克经济科学与研究教授，从 1932 年到 1949 年底便一直担
任此职。

提问者 6：我想知道的是，伦敦经济学院邀请你去做教授，但为什么没有邀请米塞斯？他不会说英语？

哈耶克：在 1931 年那时候，米塞斯的名气相对较小，而且限于特定领域。他完成了两件事：一是货币理论，二是对社会主义的批评。他的大作以及哲学论文的德文版也是在 1938 年才问世的，美国版则晚至 40 年代。这些作品奠定了他作为一位重要社会哲学家的地位。但是在 30 年代初，米塞斯在国际上的知

名度是很有限的,只有像罗宾斯这样的人才知道他对货币理论做出的独特贡献,以及他推进了门格尔的理论并有效地发展了门格尔对社会主义的批评。

而我做了几件其他人都没做过的事。在 1923 年洛克菲勒奖学金开始之前,我自己冒着风险抵达美国,并在那里待了十五个月,结果是我能说一口流利的英语,这是第一件事。但这不是故事的全部,而只是一个先决条件,米塞斯或者我的其他同事都拿不出这么多的时间学英语。然后,我在美国也花了很多时间批判由福斯特和卡钦斯提出的那种美国消费不足分析(American underconsumption analysis)——这非常像凯恩斯后来发展出来的东西;我不知道你是否还记得这些名字。我花了大量的时间,做好十足的准备,以随时向任何消费不足理论放箭。当凯恩斯后来提出他的类似理论时,我已经完全准备妥当,整个 20 世纪 20 年代我都在研究这类问题。我已经开始写一本关于货币的大部头,尽管从来没有写完,但我曾打算用十章的篇幅去讲述货币理论和政策的历史,到 20 年代末,我已经写完其中前四章,概述了 1690 年至 1900 年之间英国在这方面的发展。所以当我来到伦敦时,我对英国货
66 币理论史的了解比英国的教授都要多得多,这让他们

印象颇深。

我最初在维也纳以编外讲师的身份讲课时，就曾以消费不足理论作为主题，当时这个问题在英国已有激烈的讨论。罗宾斯恰好能读德文。一个英国教授能读德国文献，这算得上很难遇到的因由了——很幸运的是，他刚好一心扑在我的这个课题上，所以反击凯恩斯就成了我们的当务之急。于是我受到征召，做了一场很有原创性的公开演讲，表明我比任何人都更了解英国理论的演变。罗宾斯受奥地利学派影响，因此对演讲很有共鸣。我们很快就发现彼此能够相互理解。这种意外的叠加促成我在伦敦拿到聘书。从头到尾我都很幸运。

提问者6：但正是《价格与生产》让奥地利学派的贸易周期理论引起了这个世界的注意。

哈耶克：是的，而且这同样事出偶然。在我刚对这一理论的图景有了清晰认识，但还没来得及深入到所有的复杂细节时，邀请函就来了。如果我要取得进展以写出一部详尽的论著，那肯定会遇到各式各样的复杂问题，最后可能写出一部非常艰深的作品。而当邀约来临之时，我只能迅即按当时的理解把总体轮廓描述出来。

> 我可以通过简单的阐释让庞巴维克的理论极度简化，以平均生产周期理论来为你做一个大体上的说明。平均生产周期的确是一种美妙的简化，但对你一点帮助也没有。我后来才意识到，平均生产周期问题中存在着非常复杂的结构；如果在 1931 年意识到这一点，我就不可能给出一个完美的简要阐释，反倒可能把大家都搞糊涂。由于我还没有意识到这些困难，所以才能够做这些极受欢迎的演讲；但其实也不是因为演讲本身的优点，而是由于这一系列特别演讲切合了伦敦所处的境况。在伦敦所做的四次演讲能够带来教职邀约，这是我没想到的。当然，最初我只是受邀担任一年期客座教授。但我很快就适应了，马上就和罗宾斯成了很好的朋友，我们在一起共事，相处得很好。从 1931 年到 1940 年，我们一直合力思考，一同工作。
> 67 后来，他恐怕是为凯恩斯的影响所慑服了。

1931 年，赴任为期一年的邀约时（时值英镑贬值的第二天，我是在过境巴黎时才知道的），我们在汉普斯特德花园郊区（位于康斯特布尔小街，靠近罗宾斯家）租了一栋带家具的房子，并一直住在那附近——从 1932 年到 1939 年，我住在租来的房子里（特纳小街 15 号）；从 1939 年起，我买下了附近的一栋房子(特纳小街 8 号)。当时有不少伦敦经济学院的经济学家住在花园郊区,除了成为我们亲密朋友的罗宾斯一家,还有阿诺德·普兰特(Arnold Plant)、弗兰克·佩什(Frank Paish)、乔治·施瓦茨(George Schwarz),以及后来的詹姆斯·米德(James Meade)。

我们过着非常安静的生活,除了偶尔招待来访的同事外,几乎没有什么社交生活。当然,我们在一个固定的女佣的帮助下管理家务。我们雇用的通常是奥地利女孩,其中一个和我们一起住了很长时间,差不多成了家里的一分子。不过,这几乎是当时教授的工资(最初是每年 1 000 英镑,五年后是 1 250 英镑)所能负担的全部了。到 1936 年,我们都没有一辆车,而我允许自己拥有的唯一嗜好就只有改革俱乐部的会员资格,它对我来说非常重要,也是到现在为止近四十年来我唯一的"家园"。

在伦敦的前几年,我的兴趣仍然集中在货币、资本和产业波动理论上,然后我的主要目标很快就变成了对资本理论的重述,并以此为基础,对动态现象做出了更让人满意的说明。我发现,重述资本理论而不借助前辈们所采用的简化方法是极其困难的,但我一直坚持下去,直到自己也越来越觉得没劲,最终在 1941 年借口战争的爆发会使此项工作无法完成,而以《纯粹资本理论》为名发表了实际上只是计划中的一部分工作。实际上,我始终没有展开想要进行的货币或动态连续性的研究。虽然我试图集中精力继续研究这个问题，但我的兴趣已经开始转向其他课题了。

1935 年，在编辑关于社会主义计划的文章时，我也就此主题贡献了两篇长文，这多少也事出偶然。但我对哲学与方法论问题越来越感兴趣，我愈发坚信，是这些问题最终造成了当前的一些政治分歧。我的这些想法的决定性进展最终体现为《经济学与知识》一文，这是我于 1936 年在伦敦经济俱乐部发表的一篇主席演说。回头看来，这篇文章加上后来与它一起收录在《个人主义与经济秩序》（1948）中的一些相关论文，算是我对经
68 济学理论做出的最有原创性的贡献。

提问者 5： 如果可以的话，我想转向你的基本政治理论或者说政治哲学立场上来。我在这里想就你自己的立场问一些与你的观念发展史相关的问题。我们俩多少都是以技术型经济学家的身份入行的，然后对政治哲学问题产生了更多兴趣。你能为我们追溯一下自己在这方面的思想演变吗？

哈耶克： 这确实是从我写作关于集体主义经济计划的那本书开始的，这本书缘起于我的一个发现，某些在欧洲大陆为人所知的新见解还没有传播到英语世界。这里主要指的是米塞斯和他的学派，不过也包括

恩里科·巴罗内(Enrico Barone)等人的某些论述,英语世界对这些完全不了解。由于不得不在包含译文的导言和结论中解释欧洲大陆的思想发展,我便有了足够的好奇心进入政治哲学以及对经济学方法论误区的分析中。在我看来,[这些误解]引发了“连市场都能做的事情我们可以凭借智慧做得更好”之类的幼稚观念。从此开始,我在很大程度上都是围绕着方法论思考,这将我带回……我认为决定性的事件是1937年前后写的那篇《经济学与知识》。

提问者5: 那是一篇精彩的论文。

哈耶克: 我认为那是我转变观点的关键节点。就像我现在所说的,[它阐述了]这样一个概念:价格是行动的指南,而且必须从它规定了人们应该做什么的角度加以理解——价格不是由人们过去的所作所为决定的。

不过,从心理层面看,整个边际效用分析模型的后果也许才是决定性的一点,按照我现在对整个事情的理解——市场是一个知识应用的系统,没有人能掌握全部知识,只有借助市场情境,人们才会瞄准陌生人的需求,让那些不掌握直接信息的人利用设施。所有这一切都浓缩在抽象的信号中,而我们全部现代的财富

> 和生产只能归功于这种机制——我相信，这不仅是我
> 的经济学观点的基础，也是我的大部分政治学观点的
> 基础。如果你认识到市场在这个意义上的优越性，行
> 69 政权威机构的工作就会急剧减少，因为当局所能使用
> 的信息量总是极有限的，而市场调动的信息量远胜行
> 政权威所能调动的。

我们每年住在伦敦的九到十个月里，我的主要活动中心毫无疑问是伦敦经济学院。我上午在家里完成大部分科研工作，下午和晚上则主要从事教学，通常在上午十一点左右离开家，到学校吃午饭，偶尔也在俱乐部吃午饭。当时学校的高级公共休息室有着一个格外有趣的团体，其规模能使大部分成员都有机会混熟。那里总会发生热烈的讨论；在 20 世纪 30 年代后期，主要讨论的是世界政治的演变态势。尽管占据多数的左派与（旧有意义上的）自由派和保守派经济学家、律师之间存在着尖锐的政治分歧，但气氛一直非常友好。

我相信，当时的教员总共一百来人，但他们拥有着一系列超凡的才能以及辩论天赋。除了已经提到的经济学家［我还应该加上西奥多·格雷戈里（Theodore Gregory）、约翰·希克斯（John Hicks）和弗雷德里克·贝纳姆（Frederic Benham）］之外，还有两位最好的谈话者哈罗德·拉斯基（Harold Laski）和丹尼斯·布

罗根(Denis Brogan)、理查德·陶尼(Richard Tawney)和艾琳·鲍尔(Eileen Power)、布罗尼斯拉夫·马林诺夫斯基(Bronislaw Malinowski),当然还有系主任威廉·贝弗里奇爵士(Sir William Beveridge)和学校秘书珍妮特·梅尔(Janet Mair),他们都是一时的风头人物。我在那里生活的前几年,两位退休老教授埃德温·坎南(Edwin Cannan)和格雷厄姆·沃拉斯(Graham Wallas)仍偶尔出现,西德尼·韦伯(Sidney Webb)也会来,少数时候比阿特丽斯·韦伯(Beatrice Webb)也会来。

现在回想起来,战前伦敦的这些年岁,从某种程度上看似乎是我一生中智识最活跃也最惬意的日子。时过境迁,我再也无法在经济理论或利润理论的技术细节上燃起与兴趣相投的第一流心灵讨论时同样的热情。尤其是那些研讨会——在名义上由我与罗宾斯共同负责,实际上由他主持——教给我的经济学知识比其他任何场合都多。

提问者6: 伦敦经济学院最初是费边派的机构。为何到了1931年,你和罗宾斯都在学院任职?

哈耶克: 我想,这完全归功于埃德温·坎南这个人。从这个意义上说,韦伯夫妇相当高尚。他们想找一个能独立思考又可靠的理论家,并且坚信对经济学毫无偏见的研究一定会使人倒向社会主义,结果情况

70 有了偏差——他们接纳了一个[根本不会同意这一结论的]人。而担任主要教席的坎南,以及货币银行学教授赫伯特·福克斯韦尔(Herbert Foxwell),则完全脱离了费边主义一方……在某种程度上,拉斯基和我有一些相似之处,我们都是藏书爱好者。但除此以外,我们就没有任何共同点了。我们几乎没有共同语言。不要让我开始讲关于伦敦经济学院的事——因为有哈罗德·拉斯基这位奇人,它成了一个特别的地方。

提问者 6: 也许可以讲一两个故事?

哈耶克: 哈罗德·拉斯基的问题是病理性的。直到现在他的朋友也认为他是一个病态的说谎者。如果你有时间,我可以讲一两个故事,是有关我们的藏书经历的。你知道,藏书家就像捕鱼人——他们总是能找到一些特别的东西。但哈罗德·拉斯基却总表现得像如下这样:在中午时,大家照旧于午饭后在高级公共休息室见面,他兴冲冲地过来,说刚去过查令十字街*,在一个箱子里看到一些18世纪的精美的十二卷本法文书籍。他把它们翻了出来,都是宗教方面的。他突然发现,有一卷的书脊比另一卷厚。于是,拉斯基

* 查令十字街(Charing Cross Road)是伦敦著名的书店街,因通往查令十字火车站而得名,路上遍布各种专业书店及二手书店。

问道："它要多少钱？""每卷六便士。"他搁下一个先令，拿了两卷，扯开其中一卷，抖落出卢梭和伏尔泰的四封通信。这些信件从未公诸世人。这就是此公的典型做派。

提问者6：这个故事是他编造的？

哈耶克：完全是编造的。后来，还有两个令人难忘的时刻。1939 年，我们为了应对可能爆发的战争（1940 年果然爆发了）而搬到剑桥，这件事情发生在大家都搬走之前，那时伦敦还没有遭到空袭。在授课的日子里，拉斯基和我有几晚——我们每周有两天从伦敦过来——会到同事兰斯洛特·比尔斯（Lancelot Beales）家里。第一次真的很不寻常，因为拉斯基在谈笑风生，讲述着有关俄国制度的优点，结果被新闻中的播报打断了。大家都在听 BBC，我记得在七点半的时候，传来了《斯大林-里宾特洛甫条约》（the Stalin-Ribbentrop pact）的消息，之后拉斯基表现得好像他这辈子都没有说过布尔什维克这种迄今最可恶的东西的好话一样。他似乎不记得，之前的二十年里自己说过什么。但一年后，在完全相同的地点，我们再次于晚餐后聚在一起听新闻，那时拉斯基刚刚回过他在曼彻斯 71
特的家，并经历了第一次空袭。在那个场合他感到非常惊恐,因为有一枚炸弹落在他的旅馆附近,他受到严重惊吓。三周后,当我再次听到这个故事时,变成了他的旅馆被击中,他连同自己的床下落了四层楼,掉进了地下室。

提问者 6: 请谈谈伦敦经济学院,学生们都是费边派,还是只是想拿学位的普通学生?在 20 世纪 30 年代,人们进入伦敦经济学院的动机是什么?

哈耶克: 你得把学院和学生区分开。在学院里,一边是经济学家,另一边是政治学家和社会学家,两者差异巨大。居于中间地带的还有法学家、地理学家、经济史学家,他们要么是中立的,要么可以说普遍都是温和的费边主义者。此外还有布卢姆斯伯里文化圈*的人,比如艾琳·鲍尔这样一直处在这个圈子里的人。他们非常不错,都是正派的人,也并不是很教条主义。

提问者 6: 我还不知道艾琳·鲍尔与布卢姆斯伯里文化圈有关系。

哈耶克: 哦,是有的;她刚好住在那一片。布卢姆斯伯里文化圈的人都是她的邻居;她借此认识了他们所有人。我不认为她很活跃,但她和这些人都很熟。

---

* 布卢姆斯伯里(Bloomsbury)是伦敦的一个区,布卢姆斯伯里文化圈指弗吉尼亚·伍尔夫、E. M. 福斯特、利顿·斯特雷奇等经常聚会的文人。

还有陶尼，他当然算费边主义倾向很强的人，但你仍可以和他交谈，他不是那么教条主义，人是非常有趣的；我个人很喜欢陶尼。哈罗德·拉斯基几乎是个笑话，我一直没法接受他，但在那个时候，人们对他还很看重。现在，即使是他派系内的伙伴，在他去世之前，也已经不把他当作思想家来严肃对待了。他年轻的时候肯定非常出色，但我认识他的时候，情况已经变了。

提问者 6：那么伦敦经济学院的院长贝弗里奇呢？

哈耶克：说到贝弗里奇，他对经济学简直一无所知。

提问者 6：他首先是公务员。

哈耶克：是的，他是一名公务员。我认为他的生涯最成功的时段是在他担任《晨邮报》（*The Morning Post*）主笔时。他可以在收到指示时就任何议题下笔。

提问者 6：我想这与牛津大学的导师制度有某种联系，在这种制度下，一个人被要求每周就不同主题写一篇相当出色的文章。学生可以突击完成，然后就彻底将其遗忘，没有任何持续的思考线索，也缺乏对背景 72
理论的兴趣。

哈耶克：但他是一个极端。我从没见过谁像他一样能够就自己并不了解的东西写作。关于贝弗里奇的另一个故事，我已讲过很多次。他碰巧养成了一个好习惯，当他公开谈论经济议题时，会让莱昂内尔·罗宾斯或我先为他审读草稿。有一次，他的演讲内容令他太像一个通货膨胀政策的支持者，于是我给他做了指导。万幸的是，我看到的下一稿中有一句话："但不幸的是，正如哈耶克教授所发现的，货币数量的增加往往会推动价格上涨。"

提问者 6： 所以，知识有缺口的不只是你所写的凯恩斯。

哈耶克： 事实证明，伦敦经济学院的经济学家，甚至莱昂内尔·罗宾斯，都没有受过古典教育。曾经有一段时间，每次院系委员会结束时我都会说："贝弗里奇要被干掉（Beveridge delendus est）。"我发现，没有一个人明白我在讲什么。这是个很有名的警句，我相信是来自西塞罗的故事。"因此我认为加图必须要被干掉（Ceterum censeo Catonum esse delendum）。"这是他反对加图的口号；据说每次他在元老院演讲都以"因此我认为加图必须要被干掉"作结。我认为这是很普遍的常识，并用这句话来反对贝弗里奇，因为我发现他真的让人难以忍受。这个人一贯的不负责任使得学校陷入了严重的困境。他从洛克菲勒基金会得到的钱本

> 应用于某个目的，却被花在了别的地方，使学校的信誉大打折扣。他做事只有三分钟热度。我相信他筹到了很多钱用于建造新图书馆(我忘了这件事里钱是从哪来的)，后来却用它来聘请兰斯洛特·霍格本(Lancelot Hogben)从事社会生物学研究。那是一个很有名的插曲，已被人遗忘很久了。当时有传言说，霍格本到任后，伦敦经济学院大楼前的地板上将会竖起笼子，将黑猩猩关在里面以研究它们的交配习惯，这在学生中引起了骚动。霍格本不是一个无趣的人；事实上，这个人很难缠。

不过，总的来说，我和这些难打交道的人相处得都很不错；
在同卡尔·曼海姆(Karl Mannheim)起冲突之前，我甚至也可以 73
说和拉斯基关系都不错，直到他认为《通往奴役之路》的写作是
反对他的。那之后，我们的这种关系才结束了；不过我们都是热
情的图书收藏家，还是有共同点的。

然而，我认为贝弗里奇才是学校真正的威胁。自然，这当中有个小故事很有名，他差点接管了法兰克福研究所。

提问者6： 哦，原来是他啊。之前我还不知道这其中的联系。

哈耶克：哦，是的。它在最后一刻才被制止。

提问者6：中止接管是你讲过的。我当时没意识到贝弗里奇才是事主。

哈耶克：你可以在莱昂纳尔·罗宾斯的自传中找到这个故事。罗宾斯有着很好的直觉，只是他对这一事件所知有限；当合同躺在贝弗里奇的桌子上等待签字时，罗宾斯进来了。感谢上帝，他没有容忍这件事。“但是，法兰克福研究所的人很出色啊。”然后喊我进去，向贝弗里奇申明具体的情形：如果伦敦经济学院被吞并，那简直是灾难。不过，他们拥有无与伦比的图书馆，而且会将其一同带过来，这个诱惑太大了；贝弗里奇无法抗拒它，几乎走到了签字同意这一步。

这只是许多事情中的一件。他绝对不按常理出牌。不仅是他，还有那位后来成为贝弗里奇夫人的非凡女士。你从未听说过她？哦，如果不知道梅尔夫人是谁，可以说，你对伦敦经济学院就一无所知。她是英国人，是苏格兰人，是一位公务员的妻子，[而且]她自己也曾与贝弗里奇一起在粮食部上班。贝弗里奇就任伦敦经济学院的院长时，把她也带了过来。她实际上接管了大小事务。梅尔夫人行事粗暴而且精力充沛，知道自己想要什么；并完全掌控了贝弗里奇。还有一个著名的小故事，很能看出其个人特点：传闻他们当时保持着性关系。我对这种事是不敢确定的。有一次，和往常的情形别无二致，这个精力充沛、冷酷无情的女人走进高级公共休息室里，为贝弗里奇无法在正确的方向上下定决心而感到愤慨。最后她突然喊道："他不够男人；我知道的，他不够男人。"

这对组合越来越令人难以容忍，而且我们完全无
法预测贝弗里奇下一步会干什么，以及他将如何使学
校信誉扫地。有一段时间，他的筹款技巧非常成功，但 74
又由于将钱改作他用而失去信誉——不是说他不诚
实，他极其诚实，只不过是热情会转移罢了。他觉得完全有权将钱花在自己当时最看好的用途上。在伦敦经济学院的最后那些年，我曾鼓动反对他；我对他的——很难确定用词，我不想用"智商"这个词——评价差不多是最低的。他是一个了不起的阐释者。他有一种天赋，可以让他的解释勾连到你给他提供的任何东西上。有件事很典型，我刚到伦敦经济学院那会儿，贝弗里奇和那边的教授刚出版了一本支持自由贸易的小书。不久政府风向有变，贝弗里奇当着我的面对罗宾斯说："现在该写一本支持贸易保护的书了。"

提问者6：我猜他不是你们研讨会的成员。

哈耶克：确实不是，他对经济学丝毫不感兴趣。对一切的经济学也都不懂。这是确确实实的。我有时也这样说凯恩斯，但事实上他们还不一样。凯恩斯通晓他自己的那种经济学，并有足够的智慧来构建一套理论。贝弗里奇则缺乏这种品质。他是一个极佳的律师，可以仅仅依照呈给他的简报就提出辩护理由。

提问者6：我知道，尼古拉斯·卡尔多(Nicholas Kaldor)是你讨论课的成员，一度与你过从甚密。他怎么会离开你，跑到贝弗里奇和凯恩斯那一边？中间有什么故事吗？

哈耶克：不好说。你知道，他是我的著作《货币理论与商业周期》的译者之一，这本书由他和一个非常出色却英年早逝的女子H. M. 克鲁姆(H. M. Croome)共同翻译。他偶尔会大大方方地承认，他早年是一个哈耶克主义者。我认为是凯恩斯的《货币论》(1930)说服了他，让他转到了另一边。他与贝弗里奇的合作也很密切，为贝弗里奇撰写了讨论就业的书。这一事实是广为人知的，书里的经济学完全就是卡尔多的。贝弗里奇根本不可能写出这样一本书。在那本书中，卡尔多承认有一篇文章是他写的，其实整本书都由他代笔。那篇文章只是贝弗里奇不想负责而已，因为他理解不了。

提问者 6：似乎贝弗里奇和卡尔多所成就的政治生涯都奠基在他们对凯恩斯主义的接受上。 75

哈耶克：是的。卡尔多因此成为当时的首相还是财政部长的政治/经济顾问。我们都管［卡尔多和鲍洛格］叫布达（Buda）和佩斯（Pest）。

提问者 6：卡尔多是布达。

哈耶克：滑稽的是，布达和佩斯——没有人会将其弄混。鲍洛格是佩斯。卡尔多很胖，看起来是尊佛像（Buddha），而鲍洛格很招大家讨厌，所以他是佩斯（Pest）*。

约翰·希克斯则在另一个极端。他智力超群，是出色的理论家，有时候颇为专横，不过我觉得他这么表现有时也是能占住道理的。一次，他出乎意料地对我说："哦，好吧，只有我们两个能明白。"言语中有些许智识上的傲慢态度。他承认，我凭自己能力完全可以和他平起平坐；不过尚不能完全达到他的水准。在我

* 此处哈耶克玩了一个文字游戏。布达（Buda）和佩斯（Pest）分别坐落在多瑙河中游西岸和东岸，早先是遥遥相对的两座城市，在 1873 年合并为新城布达佩斯（Budapest）。此处，因卡尔多与鲍洛格经常同时出现，所以用布达和佩斯与其两相对应。卡尔多外形酷似佛像（Buddha），所以哈耶克戏称其为布达；鲍洛格招人嫌，所以他是佩斯（Pest 亦有害虫的意思）。

们当中，他当然有最聪明的头脑，这一点毫无疑问。他教养极佳，阅读广泛，受过很好的教育，也熟谙历史。

提问者2：你对希克斯的《价值与资本》一书有何评价？

哈耶克：哦，说真的，这本书在他那个时代绝对是一流作品。就目前既有的价值理论本身而言，都还没有能超越它的，也没有真正从指导生产角度进行的分析，所以我认为这部作品是对价值理论的最终表述。我不认为保罗·萨缪尔森（Paul Samuelson）的改造真正超越了它。我认为，希克斯在替代率方面的分析，在这个专狭的领域取得了卓越的成就。

提问者2：按你的看法，现在被称为凯恩斯革命的东西该不该被称为希克斯革命？希克斯在推广凯恩斯思想方面是不是很有影响力？

哈耶克：我当然不认为希克斯是一个变革性人物。我认为，他试图赋予凯恩斯的东西以一个更易被接受的形式。但我有理由说，可能这更应该被称为卡尔多革命。并不是因为什么东西与卡尔多的名字联系起来了，而是因为传播凯恩斯思想的是贝弗里奇勋爵讨论充分就业的书，那本书的作者正是卡尔多，这位勋

爵从来就不懂什么经济学。 76

就在我接受伦敦的职位时，我与凯恩斯陷入了一场争论，这件事很快提升了我的知名度。（顺便说一句，尽管我一直不同意凯恩斯的观点，多次和他唇枪舌剑，但是我们的私交很不错，而且我在许多方面对他这个人极为钦佩和赞赏。）罗宾斯让我为《经济学刊》（*Economica*）写一篇针对凯恩斯新发表的《货币论》的评论。我的长篇评论的第一部分刊登在 1931 年 8 月号上，就在我接受伦敦经济学院的职位之前。我仍然认为这篇批评相当有力，尽管它已经随着稍后凯恩斯观点的完全改变而失去了意义。

已故的亚瑟·塞西尔·庇古（Arthur Cecil Pigou）教授在《实践中的经济学》（*Economics in Practice*）中提到这一事件（隐去了名字），他的话最能体现凯恩斯的直接反应："一两年前，在一本重要的图书出版后，出现了就书中某些段落详尽而仔细的批判。作者的回应不是反驳批评，而是粗暴攻击了批评者几年前写的另一本书。这是一种快速投球* 策略，一种决斗的方式。

* 源自英国板球队在 1932—1933 年的澳大利亚灰烬之旅中所采用的一种板球战术。快速投球手在投球时故意瞄准澳大利亚的击球手，期望当击球手用球棒防卫自身时，由此产生的折射能够被站在其腿边的外野手捕捉到。这种战术因其恐吓性和人身威胁性而遭到批评。文中语境下应该指凯恩斯以批评哈耶克作品的方式令其保持缄默。

这种做法肯定是错误的。”

那篇论文是我在纽约大学注册读博士时动手写的——我曾打算把题目定为《货币币值的稳定与它的功能相容吗?》——尽管它和我随后几年在维也纳用德文写的东西一样,最后都没有能够完成,但它们在许多方面算是一系列持续进展的开端。因为在接下来的两年里,我发表的大多数东西都是它的副产品,或者是就其部分结论在特定场合做出的说明。

我记得,在 1923 年底得出的最初结论之一是:稳定国民价格水平和稳定外币兑换是两个相互冲突的目标。但是,在把讨论这个问题的短文投去出版之前,我发现凯恩斯刚在他的《货币改革论》(*Tract on Monetary Reform*,1923)中表述了同样的论点。我不想被人们理解成,我后来之所以坚持反对凯恩斯,是因为我做出“原创性发现”的这一期待受挫,所以在此补充说明:我在当时,甚至在后来相当长的时间内,都视凯恩斯为我心中的英雄,并且非常佩服他的这部非凡之作。几年后,我访问伦敦时和他第一次面晤,是在欧洲机构针对产业波动研究所进行的一次会议上(我想应该是在 1929 年)。我们第一次在措辞上起了冲突;我不记得是在货币理论的哪一个具体细节上有分歧。他
77 先是试图(就像他惯常所为)把我彻底压服,但当我起来反击,并能够自圆其说时,他就转而开始尊重我,并在日后一直如此,无论他有多么不赞同我。(我非常怀疑拉斯基讲的故事,他说

1. 来自哈耶克的家族相册:“1899 年 5 月 8 日,在兰德大道拐角处梅森豪瑟街的这个房间里,弗里茨·哈耶克出生了。”根据他母亲的文字记录翻译而来

2. 约瑟夫·冯·哈耶克,在 1789 年三十九岁时受封为贵族,在家族姓氏中加入了“冯”字

3. 哈耶克的曾祖父海因里希·冯·哈耶克，约瑟夫的儿子

4. 弗兰齐斯卡·冯·哈耶克（原姓兹维尔齐娜，海因里希·冯·哈耶克的妻子）同她的儿子古斯塔夫，约1850年

5. 哈耶克的外祖父弗朗茨·冯·尤拉舍克

6. 约翰娜·斯塔尔纳,弗朗茨·冯·尤拉舍克的首任妻子

7. 哈耶克的父亲奥古斯特·埃德勒·冯·哈耶克(1871—1928)

8. 孩童时期的哈耶克在维也纳,1903 年

9. 哈耶克与弟弟埃里克在德拉谢公园的阳台上,1904 年

10. 哈耶克和弟弟海因茨身着毕德迈尔式服装,准备去上舞蹈课,1911 年

11. 1909年2月25日，一家人为哈耶克外祖父弗朗茨·冯·尤拉舍克的六十岁生日举行家庭聚会，他们惯常在一起过周日。从左至右，站着的是哈耶克的母亲费莉西塔斯（原姓冯·尤拉舍克）；伊达·冯·尤拉舍克（原姓波科尔尼，弗朗茨的第二任妻子）；过生日的外祖父。坐着的是奥古斯特·冯·哈耶克（哈耶克的父亲）；埃里克·冯·哈耶克（哈耶克的弟弟）；弗里茨·冯·哈耶克；弗朗茨·冯·尤拉舍克（哈耶克的舅舅）；格特鲁德·冯·尤拉舍克（哈耶克的舅妈）；海因茨·冯·哈耶克（哈耶克的弟弟）；以及格雷塔·冯·尤拉舍克（哈耶克的舅妈）

12. 约1911年，哈耶克三兄弟（埃里克、海因茨和弗里茨）。他的母亲写道，“我们的大儿子弗里茨最后一次穿水手服”

13. 惯常的乡下暑假时光，这一次在施拉德明附近，三个男孩（弗里茨、海因茨和埃里克）和母亲在一起。哈耶克此后大部分的夏日时光都在奥地利的蒂罗尔度过

14. 摄于1916年暑假的两张照片。哈耶克已接近成年。他母亲在照片下写道："尽管发生了战争，我们仍度过了一个愉快的夏天。"左图：埃里克、海因茨和弗里茨与母亲在一起；右图：游泳后的休息

15. 十九岁的哈耶克在意大利前线的皮亚韦河担任炮兵观测员,1918 年

16. 哈耶克作为一名奥地利军官,1918 年

17. 哈耶克身着奥地利军队礼服的正式肖像照,维也纳,1918 年

18. 在父亲五十岁生日时拍摄的照片，1921 年。哈耶克此时已经获得维也纳大学的博士学位

19. 哈耶克（坐在躺椅上）在首次于纽约独自学习后乘坐蒸汽船返回维也纳，1924 年。注意他的胡须

20. 哈耶克同他的第一个孩子克里斯蒂娜在加舒恩,1932 年

21. 莱昂内尔·罗宾斯,哈耶克在汉普斯特德的邻居,也是他在伦敦经济学院的经济系同事,1949 年

22. 哈耶克和经济学家弗里茨·马赫鲁普在贝鲁特学院,约 1960 年

23. 哈耶克、路德维希·冯·米塞斯和弗里茨·马赫鲁普在为冯·米塞斯举办的晚宴上,纽约,1956 年 3 月 7 日

24. 哈耶克在阿尔卑斯山脉写作《自由宪章》,1958 年

25. 芝加哥大学岁月(1950—1962)的哈耶克在书房中,1960 年

26. 维也纳物理学家埃尔温·薛定谔(1887—1961)

27. 哈耶克与莱昂内尔·罗宾斯在哈耶克之子劳伦斯的婚礼上,1961 年。这段友谊在哈耶克的芝加哥岁月后得以延续

28. 类比研讨会，意大利贝拉焦的塞尔贝罗尼别墅，1966 年 4 月 17 日至 24 日。布鲁诺·莱昂尼、阿德里、马特森、哈耶克、约翰·沃特金斯、R. 荣格、海顿、保罗·费耶阿本德

凯恩斯曾把我描述为“欧洲最杰出的糊涂虫”。这口吻听起来更像拉斯基，而非凯恩斯。）

提问者6：你第一次见凯恩斯是什么时候？

哈耶克：我第一次见到他是在1928年，我与伦敦经济学院还没有任何正式接触。我当时正在参与“伦敦和剑桥经济服务”项目，正是它肇始了同时涉及伦敦和剑桥的有关贸易周期观察之类的研究。

我是第一个在维也纳召集经济景气研究所开会的人，后来会议在伦敦举办，我当然也接到了邀请。凯恩斯是理事会成员。讨论到利率问题时，我们当下就产生了温和的冲突，这在所难免。面对年轻人，他确实向来如此，摆出一副不可阻挡之势。但是，我也不能不承认，当我站起来严肃表明论点时，他是认真对待的，并从此对我很尊重。我知道他通常怎么说我：“他当然是个疯子，但是他的想法也相当有趣。”这就是他对我的看法。

后来，我们还有不少共同的爱好。我想告诉你一个重要的故事，他应该为此负咎。我对《货币论》发表过长篇评论。我已经准备好要批判它，是因为此前我刚写了重要的文章，这篇文章等于是对就业函数（就业直接依赖于货币总供应量）做了一个总体性的反驳。我想我已经代表福斯特先生和卡钦斯先生摧毁了这整个理论。

在20世纪20年代，有个美国团体以非常幼稚的形式发展出一些非常接近凯恩斯主义的观念。1923年至1924年我在美国游学时，福斯特和卡钦斯专门设奖奖励那些针对他们作品的最有力批评。我没有抓住这个机会去做准备，不过获奖的书也太差了。所以我想，自己日后还是要回到这个题目上来。这方面的讲稿后来以《储蓄的悖论》为题发表了英文版，我最早关
78 于价格和生产的想法确实包含在这里边了。

当《货币论》问世时，我有点恼火，因为那时我曾希望彻底撇清总需求和就业之间的关系，结果有人就此做了工作。这发生在我抵达英国的第一年。我对凯恩斯《货币论》的评论分成了两部分。顺便说一句，我认为《货币论》中有一卷比《就业、利息与货币通论》（1936）要好得多，所以尽管我批评了它的主要观点，评论总的来说持相当赞许的态度。他的理论很快就过时了，所以第二部分出来时，凯恩斯告诉我："哦，别介意；我不再相信那些了。"这太让人沮丧了。

提问者6：这听起来确实很让人沮丧；这么做就没

有意义了。

哈耶克：现在回想起来，我老是说“正是出于这个原因，我才没有继续推进对《就业、利息与货币通论》的批判”，其实这并不完全正确。我知道，有比在这个关键点上的差异更根本的东西，但宏观理论和微观理论之间的“差异”的概念，在当时还不太明朗。实际上，我只是渐渐意识到，应当认真讨论微观理论和宏观理论之间的悬殊。但更重要的是，我被批评说，《价格与生产》中提出的资本理论极不完备；就这个庞巴维克式粗糙的平均生产周期模型而言，它的确是不充分的。因此我开始撰写一本关于资本和货币的大书，这本书最终涉及了货币现象的问题。我花了七年时间在这上面，比我想象的要长得多。还没有推进到货币部分，我对这个主题就感到厌倦了。不久战争来了。我只好先把这部分单独安排为一册《纯粹资本理论》(1941)出版，把货币部分完全搁置起来，打算以后另找时间接着完成。

可能你会感到惊讶，在战争期间，我是站在凯恩斯这边反对他的批评者的，因为凯恩斯非常担心通货膨胀。实际上，我发表过一两篇文章，其中一篇评论他战时发表的小册子，另一篇讨论如何对抗通货膨胀，他对此也是认可的。在战争年代,通货膨胀而非通货紧缩成了最主要的危险;所以我们要对抗通货膨胀。在这种情形下,我想要设法加强凯恩斯以对抗通货膨胀支
79 持者的影响力,因此就不想继续完成那本书了。

因为我们有着不少共同爱好,包括历史以及非经济学的领域,我们的相处逐渐变得融洽起来。一般来说,我们碰面时是不谈经济学的。战争期间,我们经常能见面,虽然他在伦敦工作,但周末会回到剑桥,而我当然是在国王学院。所以我们私下成了非常好的朋友,我也认识了[他的妻子]莉迪娅·洛波科娃(Lydia Lopokova)。

关于我最后一次见到他,我想说的是我不确定接下来讲的这两三件事是否如我所认为的那样发生在同一个晚上,也可能发生在两个连续的夜晚。凯恩斯参加了关于英国战后贷款的谈判,他刚刚回来,整个人疲惫不堪。我谈论的是1946年,他去世前的六个星期;新的一年才开始。尽管如此,他整晚都在高台桌上招待我们,介绍伊丽莎白时代图书在美国的收藏状况。

晚些时候,有了下面这些事情——这需要先做个介绍性的解释。战争期间,他开始定期给我寄来《观念史杂志》(*Journal of the History of Ideas*),这是当时的

一份新刊物;他是唯一的英国订阅者。当他注意到我对这份刊物很感兴趣时(这也可以说明我们的关系),他一读完就会寄给我。我在两三周前收到,却是在事发那天早上才读到一篇文章,讲的是哥白尼失传的第二部作品的出版情况。我在国王学院喝咖啡的时候,恰好坐在一位天文学家对面,我们本来很难搭上线,但我读了这篇文章,他对此并不知晓,听说后很感兴趣;所以我就对他讲起自己所记得的那份出版物的情况。凯恩斯隔着三个座位,正在和别人谈话;但他一直在听我们说话,因为他突然开口说:“你错了,哈耶克。”然后纠正了我。距离他读这本杂志肯定至少过了两个星期,因为他在两个星期前就把杂志寄给了我。他在想别的事情,却足够机敏地注意到我讲的话。他是对的。我忽略了那个特别的细节,而他却能指出来。

在这件事发生的当天晚上——也许和谈论美国的伊丽莎白时代图书收藏并不是同一天,但肯定也是在那几周内——我们仍然坐在一起,在高级公共休息室
读报。我提到罗宾逊夫人和理查德·卡恩(Richard 80
Kahn)在货币政策方面的工作。他突然说:“他们是傻瓜。你知道,我的观点在20世纪30年代是非常重要的。当时不存在对抗通货膨胀的问题。但你可以相信

我，哈耶克，我的想法现在过时了。我要像这样[一边打响指]来扭转舆论。”六个星期后，他就离世了。我认为他可能已经做到了。

提问者6：他可能真的做到了。他是一个卓越的舆论操纵家，对吗？

哈耶克：对，这是他最引以为豪的。他总说自己是卡桑德拉。他相信自己可以像拨弄乐器一样操控舆论。先前在和平条约问题上的影响力让他有些头脑发热。当然了，他非常明白自己摆弄文词的能力，不过《就业、利息与货币通论》并没有表现出这一点，但他确实可以写得非常优美，而且他极其擅长演讲。我总是说——别人似乎没有这样讲过——他的声音太迷人，富有音乐感。我可以想见，人们单是听他讲话就会着迷。另外，他的兴趣也极为广泛，你可以和他就太多东西展开谈论。固然，他的知识结构有相当大的缺漏。凯恩斯的知识兴趣是靠美学引导的，这样一来，他对19世纪的经济学发展史就一点也不在行，甚至完全一无所知。他就是对此不感兴趣。

我时常和他谈的内容中，经济史的东西不多，反倒涉及早先的英国经济学家更多些。他知道他所理解的阿尔弗雷德·马歇尔（Alfred Marshall），但对其他方面知之甚少。在某个时期,他对马尔萨斯产生了兴趣,而我总是和他聊亨利·桑顿的情况。很久以后,我意识到——我从来没有机会告诉他这一点——如果我向他介绍19世纪英国的通胀论者,那么他可能会完全丧失热情。

提问者6: 在你的记忆中,他了解杰文斯吗?

哈耶克: 是的,他确实知晓此人。

提问者6: 有人会这样推测。杰文斯和他的父亲写过逻辑学方面的书,这些书——

哈耶克: 对,他们写过。凯恩斯对杰文斯的了解与其说是在经济学方面,不如说更多的是在逻辑学方面。就经济学方面而言,他确实知道杰文斯的伟大发现和价格指数。然而,说到边际效用和杰文斯非常出色的资本研究,凯恩斯就不甚了了。

凯恩斯在国际贸易理论方面没什么创见。他选择
以公共影响的统计标准为研究对象。要是考虑他修习 81
的时间,我觉得他花在学习经济学上的时间不会超过一年。他荣誉学位考试的两部分,一个是数学,另一个我猜是经济学。在这里我想说,我喜欢凯恩斯,在很多方面都很欣赏他,但我不认为他是一个出色的经济学家。

提问者 6： 在他生命的晚期，我想应该是在 20 世纪 40 年代的某个时候，他写了一篇文章，是关于伊丽莎白时代文学的某些方面的，在那里他提到自己的记忆很难持久。他说："这个礼拜我是某个议题的专家，到下个礼拜就忘得一干二净了。"

哈耶克： 这完全能对上。有一些个案很让我吃惊。他基本上是比较教条主义的，但对新的想法持开放态度。当我把关于投资会增加对新资本的需求的文章发给凯恩斯时，他坦率地承认，这对他来说完全是陌生的，"但你可能是对的"。类似地，我也曾把一篇关于平抑价格的文章发给他；我记不得当时用的术语了。那时有人主张，依据某种指数[商品储备货币]* 来稳定通货。虽然他对此不甚了了，还是饶有兴味地同我进行了讨论。这次的情形也一样，上面提到的想法对他来说是完全陌生的。

提问者 6： 你在什么时候开始意识到，凯恩斯已经暂时赢得了这场战斗，也就是说政府和其他机构的决策者已经接受了他的观点？

---

* 商品储备货币（commodity-reserve currency）是一项旨在重建国际货币"本位"的措施，它以某种常用商品"篮子"为基础，代替金本位制度从前发挥的作用。哈耶克的相关论述，参见《个人主义与经济秩序》，第十章"商品储备货币"。

哈耶克：你想说压倒性的获胜吗？那是在战后才有的。

提问者 6：不是说理论上的纷争；我指的是与政府有关的实践方面的战斗。

哈耶克：这就牵涉另外的情况了，凯恩斯争取到了罗宾斯的支持，因为在战争期间他们一起在政府部门工作。

提问者 6：我明白了，那时他们一起工作。

哈耶克：是的，没错；他们作为英国的代表出席了布雷顿森林会议。莱昂纳尔在战前极力反对凯恩斯，此时他多多少少被凯恩斯征服了。并不一定是在纯粹理论方面，但恐怕他……现在应该告诉你另一个故事。我有一个理论，即所有任职于政府的经济学家都会因此而遭到腐化。我甚至可以承认（当然这只是插进来说一说），我把自己的独立性归功于［这一事实］：一旦某个国家有意要启用我担任公职，我会立刻和他们划清界限。 82

提问者 6：正准备要问你这个。

哈耶克：我曾在奥地利的一个政府委员会任职，六周还是六个月之后就离开了。战争期间，我［在英国］也没有担任政务。彼时我仍然是个外人，来自敌国的外人;你看,我处在一个特殊的位置上。我没有因为任何战争的目的而被启用,也不受干扰。在英国,这是再理想不过的状态了。但在战后我做了一件事,一件很有趣的事情,我到直布罗陀做了一番社会调查。

1944年,也就是战争的最后一年,那里的码头工人出了点状况。依照传统,从英国来的码头工人,收入要比直布罗陀当地的高,这就引来了麻烦。那里还没有一个生活成本指数;所以殖民局找到我,让我给他们找一个合适的学生,去直布罗陀编订生活成本指数。我说:"现在没有合适的学生,我根本就没有学生。但是,如果你们想让我去直布罗陀,我非常乐意在假期里去那边。""如果你去,我们要请你多做一些事情。你能对直布罗陀做一次社会调查吗?"

于是我在直布罗陀待了六周,那真是非同寻常的体验——别试图让我告诉你与此有关的轶事,这是说不尽的。总之,我完成了公家派给我的差事,而这也是最后一次。后来殖民局要我去塞浦路斯,我不得不拒绝,我已经下定决心要去美国了。

因此,我担任公职的时间并不长,还不至于被腐化。在美国,事情到现在还不至于这样。他们最早要我参加华盛顿的一个委员会时,我不得不拒绝,当时我正要离开。因此,我并没有分出太多实践的经历到公职上。看看罗宾斯这么一个我所敬佩的例子,我丝毫不怀疑公职会败坏经济学家的态度。他因此变成了一个政治人物,而不再是经济学家了。

提问者 6: 我想这是一个非此即彼的选择,很难两全其美。

哈耶克: 当然,凯恩斯在某种程度上看也比较像政治家。

提问者 6: 更甚于理论家。

哈耶克: 至于罗宾斯,我想补充一句(我希望你能和他当面聊聊),人们应该留意到他的一个非常可爱的品格。他是一个难得的忠诚伙伴。不过,要是问起他对拉斯基或贝弗里奇的记忆,他可能会诚恳相告,但往往不是真话。他的话会有很多修饰。因为这两位都 83
是他的挚友。我在这种事情上要坦率得多,不会守口如瓶。而且对拉斯基和贝弗里奇的描述可能会很不客气。

如果你要问我谁最有趣,以至于我想同其共度一个晚上,那就是熊彼特和凯恩斯这两位经济学家了。他们在某些事情上有共同点,用一个词来说就是惊世骇俗(pour épater les bourgeois),两人都是这样,只是方式有别。比起凯恩斯,熊彼特是更伟大的学者,天赋甚慧。他切中要点的速度之快,令人印象深刻。不过,他完全没有自己连贯的哲学。他依赖自己的直觉。我觉得,可能很难为他写一部好的传记,因为这需要一个具备批评精神的亲密朋友,而我却想不出这么一号人。

提问者 6:能谈谈你和凯恩斯派经济学家的分歧吗?

哈耶克:与他的本意相悖,凯恩斯刺激了宏观经济学的发展。我相信,不是他的特定结论有问题,而是宏观经济学的全部基础都是错误的。所以我想证明,我们必须回到微观经济学。宏观经济学的方法源于自然科学家,他们认为我们可以借由测度总量和平均值效应的大小去推导一切事情。这一度让我很着迷。我感到这是一件自己尚不足以完成的事——我不知道还有谁能从事这项特别的工作。我倒希望,自己在资本理论方面的探索能有人接着推进下去。这是个十分有趣的新开端。前一种情形意味着,我必须为已经了解其结果的理论做出证明,这实在没什么意思。后一种情形下则包含着一个开放的问题:当人们把经济学看作一个针对复杂现象的新科学的典范,而这些复杂现象无法调动简单的物理学机械模型来解释，而必须囊括我所说的“纯粹模式预测”，即某种有限的预测时，经济学到底将呈现为何种面貌？作为一个知识性的问题，这太吸引人了。

提问者 6：回过头看，你会不会说奥地利学派的资本理论终结于《纯粹资本理论》一书？ 84

哈耶克：我想说，很大程度上是这样的。因为我原先寄望于别人赓续的事业，现在无人问津了。

提问者 6：至少凯恩斯主义的总量问题现在得到了认真对待，你成了五十年前就第一个挑战它的人。

哈耶克：正是对凯恩斯的失望使得人们重新开始对我产生了兴趣。而且，单凭失业与通货膨胀并发这一事实，就让民众的幻想霎时破灭了。

提问者 6：有人说凯恩斯故意把《就业、利息与货币通论》写得让人感到混乱且难以理解。你觉得这种说法站得住脚吗？

哈耶克：他不至于这么拙劣。他坚信自己比任何人都聪明，并且他的直觉已告诉他应该做什么，因此他就创造了一种理论以说服别人照此施行。这正是他的方式。作为一个经济学家，他在经济史方面的训练严重不足，你知道的，他对 16 世纪伊丽莎白时期很有热情，算得上是专家，但对19世纪的经济史则近于无知，出于审美的原因，他讨厌这些东西。19世纪对他来说是丑陋的。

提问者6：为什么他这般讨厌19世纪？

哈耶克：噢，因为他在劳工史方面相信陶尼及其伙伴的观点，工人阶级的贫困化之类的。全是来自狄更斯。

我收到的唯一一封凯恩斯的书信，是他就《通往奴役之路》所写的，这封信一再被引用。信中他对我表达了理解，并且得出结论说这里存在着一个很大的危险，但在一个人们普遍有正确认知的国度里，这些危险都可以被避免。

战争的爆发迫使伦敦经济学院搬到剑桥，大多数亲近的同事都离开了，去了政府任职。有一段时间，我是伦敦经济学院唯一的资深经济学家，只有两个年轻助手辅助。不过，至少课程是与剑桥大学联合开设的，因此有一段时间我同时为这两个机构讲授高级经济理论，庇古则讲授初级理论。

战争第一年，我们还是住在伦敦，我每周只去剑桥三天。但随着1940年9月空袭的开始，这样就行不通了。一开始我在剑
85 桥找不到合适的住处，而罗宾斯家在奇尔特恩斯有一间小屋，让

我和家人住了一年。当时已经和我交好的凯恩斯则为我在国王学院找到了房间。1941 年，我终于在马尔汀巷找到了一所房子，其实是经过改造的谷仓，我们在那里一直住到 1945 年。

在第二次世界大战那些年，剑桥的生活对我来说是特别令人愉悦的，那是一个彻底融入英国生活的过程，而从一开始，我就发现这个过程非常容易。不知何故，这个国家总体的精神状态和知识氛围立即就深深地吸引了我，身处战争的状态下，我和英国人命运与共，这在相当程度上加速了我以此为家的转变过程——比我的家乡奥地利更甚，因为在 20 世纪 20 年代的状况下，奥地利于我已经显得有些陌生了。相较而言，我早先访问美国时，以及后来在美国和德国逗留期间，从未觉得自己真正属于那里，但英国的生活方式似乎如此自然地契合我的所有本能和倾向，若非出于特殊情况，我本来永远都不想再离开这个国家。在所有那里的生活方式中，古老大学的学院生活——至少在当时存在于剑桥大学，牛津大学的情形我不太了解——对我来说是最具吸引力的。在国王学院的高桌和综合厅度过的夜晚是我毕生最愉快的回忆之一，而我当时交往的一些长者，特别是克拉彭，在其有生之年，一直都是我的好友。 86

第三部　道中歧途

剑桥大学的教学负担不重(学生很少),而且通勤路程很短,所以我比以前有了更多时间从事自己的工作。虽然我的主要兴趣仍然在纯经济理论上,但《通往奴役之路》是在剑桥写的,这本书发展了我在1938年发表的那篇文章中已经勾勒出的某些观点,也继续推进了我在战争头两年研究理性的滥用及衰退所产生的成果,这点我在前面已经提过。

提问者1: 在我看来,相较于更具技术性的经济学读物,《通往奴役之路》是那种普通读者也可以阅读的书。你使用"外国人"一词……在英国,这么说相当有趣。我知道,你最近对这个问题做了一些思考:那么在何种程度上,文化在人类活动秩序的奠定中发挥了作用?

哈耶克: 确实有些作用,但最吸引你的未必就是你所降生的那种文化。在文化层面,我觉得自己现在的国籍是英国,而不是奥地利。这可能是由于,从20世纪30年代初到50年代初,我是在英国度过的,这是我一生中至为关键也最为活跃的时段。不过实际上,从到达这里的第一刻起,我就发现自己头一次处于某种和我契合无间的道德氛围之下,并在旦夕之间就融入了这种氛围之中。

我得承认,自己在十年前第一次来到美国时就没有这样的体验。我发现美国是非常有趣且迷人的,但我并没有在变成英国人的那种意义上成为一个美国人。不过,在我看来这属于情感事务的范畴。我的气质更像英国人,而不是美国人或者我的奥地利同胞。
我认为,这在一定程度上取决于人们对某种特定文化 87
的适应性。我的意大利语曾经相当流利,但我不可能成为一个意大利人。那确系情感的问题。我没有那种可以让我成为意大利人的情感;而我却能够瞬即在某种意义上成为英国人,因为这对我来说是一种自然倾向,这是我后来才发现的。这就像踏入一个温暖的浴缸,那里的暖和程度与你的体温正相吻合。

提问者1:是什么让你觉得自己在英国人中间怡然自得的?

哈耶克:某些社会习俗使然吧,人们在不必言明的情况下就能立马理解你的需求。

提问者1：能举个例子吗？

哈耶克：比如人们终止谈话的方式往往不需要你说“哦，不好意思，我很着急”。你只需要变得有点心不在焉，表现出明显在关心其他事情的样子；而不需要说任何一个字。你的伙伴就会中断谈话，因为不需要你表达出来，他能够意识到你确实需要处理别的事情。这是对我此刻不想继续谈话的一种间接表示。

提问者1：在美国，人们面对这种情景有什么不一样的地方？更加直接？

哈耶克：要么会强迫自己很认真地听，表现出很专心的样子；要么会直接打断道：“哦，请原谅，但我在赶时间。”这种状况不会发生在英国——我倒不会说永远不可能发生，但它确实不是英国人的做派。

提问者1：与奥地利人又有什么不同呢？

哈耶克：奥地利人会以礼貌的措辞解释自己实在很抱歉，但在当下他无法继续聊天。你必须为此大费口舌，而在英国，人们根本不会以语言来表达什么。

提问者6：在英国宾至如归的感觉一定有助于你掌握其语言的精细之处吧。

哈耶克：我在战争期间写了《通往奴役之路》。那个时候，我第一次体会到用英语写作的乐趣，因而觉得自己能够掌握英语。我想说，我在技术性地表达论点时没有困难，但是……

提问者 6：你感到真的游刃有余了。 88

哈耶克：事实上，如果耐下性子读一读导言的开头和前两三章，你会发现我确实在用心写作，想看看自己的书面英语能到什么程度，我反复朗读，体会其中的韵律，耗费的力气着实不小。

提问者 6：对，就是那种韵律。

哈耶克：如果整本书都这么推进，就要花好几年时间。不过，从风格上看，开头部分（前两三章和导言）在我写过的东西里可能是最好的。虽然颇费心思，但我也很享受这种感觉，就是自己终于到了可以写好英语的阶段，不但行文准确，而且堪称美文。这种情况贯穿了整个战争岁月，是逐渐的——我应该仍然保留着一两个《通往奴役之路》的版本，那是我的习作底本。我很享受这项工作。也许是对纯理论有些厌倦了。我写《纯粹资本理论》那四年，可谓备尝艰辛。

还有一件事相当重要，你在我的书中能看到。《科学的反革命》只是一本大部头的某个片段而已，我当时想用一种不同的形式去写作这本大书。计划中的书名是《理性的滥用及衰落》。而当我决定写完《通往奴役之路》的时候，这本书其实把最终有关理性衰落的论述预先发表了。结果它比原计划的作品要受欢迎得多，毕竟我一开始的野心太大了。原先计划的东西有好几章，包括已经写完的圣西门主义者、孔德、孔德与黑格尔的关系，接着是关于法国的两到三个章节；然后是一个关于黑格尔和马克思的章节。我不愿意转而讨论马克思。在求学的时候，我就挣扎于马克思的思想。我发现，要写他真的很令人沮丧，所以放弃了这个长时段历史阐释的构想，然后转到了对理性衰落的系统论述上。题目为《报应与自傲》（"Nemesis and Hubris"）。

提问者 5：是不是有一些误解认为《通往奴役之路》是对将要发生的事情的一种观察？

哈耶克：早在 1939 年，英国就出现了一种非常特别的态势：人们开始严肃地认为，国家社会主义是对社会主义风潮的一个资本主义式的回应。现在听起来难以置信，但我当时碰到的这种观点的主要阐述者竟是贝弗里奇勋爵。他居然相信，这些国家社会主义者和资本家是在反对社会主义。因此，我就这个问题给贝弗里奇写了一份备忘录，再把它扩充成一篇期刊文章，然后利用[我在]战争期间的空闲时间完成了一个预先的普及版本，我曾设想原版将是一本探讨理性的滥用及衰落的大部头。这可以算是它的第二部分，讨论理性衰落的部分。写作时根据当时的态势有所调整，矛头直指英国的社会主义知识分子，他们似乎都有这样的想法：国家社会主义并非社会主义，不过是一些下三滥的东西。我只想告诉他们："你们要走的路和他们一样。" 89

这本书在美国引起了截然不同的反响，热度非同寻常，这是完全超出预料的。它的写作完全是以英国为参照框架的，对它的回应也当然有完全不同的方式。除了少数例外，英国社会主义者认为这本书是出于善意而作，提出的问题他们也愿意考虑。像伍顿夫人这样的人写下了一篇十分激烈的批评——事实上，我和她有一段非常奇异的遭遇。她说："你知道，我早就想指出你已经指出的一些问题，但既然你如此夸大其词，那我就必须反对你！"在美国，情况就完全不同。社会主义刚刚传播开来。人们对新政的无限热情仍处于高点，这里有两类人：对这本书充满热情但从未读过的

> 人——他们只是听说有一本力挺资本主义的书；还有就是美国的知识分子，他们刚被集体主义的病菌侵染，于是认为《通往奴役之路》是对知识分子本应捍卫的最高理想的背叛。所以我遭到了难以置信的毁伤，这是我在英国从来没有经历过的。它甚至使我在业内完全丧失了名誉。
>
> 我下面这番话听起来可能非常自负——我认为自己在20世纪40年代中期算得上饱受争议的两大经济学家之一，一个是凯恩斯，另一个就是我了。当时，凯恩斯已经辞世，成了圣徒式的人物；而我因为出版《通往奴役之路》名誉扫地，情况完全颠倒了。

《通往奴役之路》的大获成功让我感到意外。尽管长期以来，我一直在抵抗那种将我从纯理论研究拉到实际工作中的牵引力——但这件事最终还是对我的生活产生了深刻的影响。
90 《通往奴役之路》在英国的迅即成功同其在美国的成功一样让人惊讶，尽管方式上并不像后者那样光彩夺目。我碰巧见证了这个不同寻常的洛阳纸贵之时，从1945年3月到5月，就在它登上畅销书排行榜之际，我到美国做了巡回演讲，这是我生平最奇特的一段经历。

美国的出版商（芝加哥大学出版社）原本为我安排了为期

五周的访问。在此期间，我预定要把一个分成三四场的系列演讲在东部和中西部的五所主要大学重复做。当我乘坐缓慢的护航船（当时仍在战争期间）穿越大西洋时，在预先毫无沟通的状态下，《读者文摘》上针对此书的缩略版使得情况完全改变了。我霎时抱得大名，船靠岸后我被告知，整个访问计划已经改变，我将进行一轮更有公众影响力的巡回演讲，行程安排都交由一家商业演讲代理机构负责。因此，我这个从未向普罗大众做过通俗演讲的人，在到达纽约的第二天发现，自己要在没有任何准备的情况下，就我毫无想法的论题在纽约市政厅发表演讲，而且我还大为惊讶地发现，我居然可以成功地完成这项任务。

整个旅行的故事——向西远至俄克拉荷马城，其间芝加哥成了我的大本营——在这里就不多讲了。不过实际上，催生出我后来的访问并最终使我搬到芝加哥的所有联系都是在这次旅行中建立的。其实，自从二十一年前以研究生身份到访美国以后，我就再也没有到过这里了，但后来几乎每年都会来，直到 1949 年底我完全迁往美国。

提问者 5： 你能就大家对《通往奴役之路》的反应做个评论吗？

哈耶克：《通往奴役之路》在英国出版时，人们已经意识到社会主义的威胁。在美国，我听说了新政支持者对此书的新生热情，而且有些人的反应还相当激烈。需要说明的是，在英国谈论它的人都阅读了这本书；而在美国，讨论者大多没有读过它，或者最多只读了《读者文摘》刊载的缩略版。

我告诉过你，我没有从《读者文摘》的缩略版中得到一分钱，因为芝加哥大学出版社把书免费给了《读者文摘》，而大多数人是以后面这种方式读到的。这个版本做得棒极了，出自马克斯·伊斯特曼（Max Eastman）之手；他负责压缩原文。通过《读者文摘》阅
91 读它的人数可能是完整版读者人数的十二倍。那时，这本杂志甚至辐射到大量关押在监狱或战俘营的人。《读者文摘》肯定是面向战俘分发的，特别是在英国战俘营里。一些德国人说："我是通过阅读《读者文摘》学习英语的。"

总之，我到达纽约的时候得到通知："原计划取消。你突然成名了，就在美国做巡回演讲吧。"

"我做不到，我从来没有做过公开演讲。"

"哎呀，都安排好了。你还是要试试。"

"我们什么时候开始？"

"哦，已经来晚了。"那是一个礼拜六的下午。"从明天早上就开始，在纽约市政厅。"

这对我来说毫无意义。我脑海里浮现的是《纽约客》上一幅由海伦·霍金森(Helen Hokinson)创作的漂亮漫画,画的是一个妇女俱乐部。我想,星期天早上的话,演讲可能就安排在类似这样的妇女俱乐部吧。他们将我从摄政酒店接往市中心时,我向主办者打听:“你预想观众会是什么情况?”

“大厅能容纳三千人,但已经挤满了。”

“天哪!我从来没有做过这样的事情。我讲什么好呢?”

“啊,我们已经定调了,就讲‘法律与国际事务’。”

“我的天,我可从来没琢磨过这个,我没法完成。”

“都公布出去了,大家都在等着你呢。”

于是我被领进了这个巨型大厅,里面有各种各样的设备,看起来很稀奇。当时他们放置的那些录音机和话筒对我来说都很新奇。最后一段值得回忆的对话是,我问主办者:“讲四十五分钟吗?”

“哦,不,必须是整整一个小时。你会上电台。”

于是我上台讲了一个我先前对此没什么想法的主题。还记得开场时我说:“女士们、先生们,我想你们都会同意我这么说——”我那时还不知道自己接下来要讲什么。

然后我发现，美国的听众让人感佩，他们对于演讲内容的兴致全写在脸上——完全不同于（比如说）英国的听众；渐渐地，我的调动让大家变得兴奋起来，演讲进行得很成功。我真的从来没有做过公众演讲，也
92 没有在不打草稿的情况下讲过课；我却突然发现，自己竟然能胜任这种面向公众的演讲了。

我跑遍了全美，足迹遍布山区、西部和南部，历时五个星期，并且逐渐认识到自己已成为一名经验丰富的公开演讲者。

哈耶克：我记得，那是1946年的秋天，我第一次去德国为英国文化协会讲课。英占区和美占区我都去了。我主要的活动地点在科隆，正是在那里，我以一个大学授课者的身份有过一段最为动人的经历。当时的德国人对我了解到什么程度，我本人并不清楚。我在一个巨型演讲厅里演讲，听众为数众多，以至于学生都挤不进来。我那时发现，尽管当时这本书还没有在德国出版，但是手工排版的《通往奴役之路》版本已经在人们当中传阅了。

提问者6：讲座本身是关于什么的？

哈耶克：关于《通往奴役之路》的。除了科隆，我

还在邻近的几座城市做了演讲，包括达姆施塔特，这座城市特别令人难忘，因为它完全被战争夷为平地；留下的不是一座城市，而只剩下大堆的瓦砾。我穿过瓦砾山，爬到一个地下的大洞里演讲。

提问者 6：伦敦人告诉我，当时有一场“盖世太保演说”，艾德礼就此攻击了你。可以就这件事谈谈吗？

哈耶克：所谓“盖世太保演说”，就是出自丘吉尔之手。这肯定是在《通往奴役之路》出版后不久——丘吉尔后来讲，自己受到了《通往奴役之路》的启发，那时他预言，一个社会主义政府将必定走向盖世太保之路。然后艾德礼在回应中指责丘吉尔说：“丘吉尔先生是受到了弗里德里希·奥古斯特·冯·哈耶克的启发。”*

提问者 6：这就是全部内容？

哈耶克：就是这样的。丘吉尔的全部讲话从头到尾都在谈论盖世太保。社会主义者称我为“弗里德里希·奥古斯特·冯·哈耶克”，这一习惯并不是艾德礼独有的，其他人也做过同样的事情。在社会主义者的术语中，我被一本正经地称作“弗里德里希·奥古斯特·冯·哈耶克”。 93

* 克莱蒙·艾德礼是英国工党政治家，曾任英国首相。他强调哈耶克姓名中的“冯”字，是为了指明其贵族和外国人的出身，由此攻击丘吉尔。

提问者6：1947年的一篇文章里，你被形容成温斯顿·丘吉尔的经济顾问。这里面没有什么故事吗？

哈耶克：没有，我只见过丘吉尔一次。

提问者6：标题是这样的，"丘吉尔的顾问做出解释"。

哈耶克：我当时正好是经济学学部的主任，受邀在学位授予仪式之前与丘吉尔共进晚餐。在晚宴上，我目睹他在猛喝白兰地；当我被介绍给他时，他已经几乎没办法说话了，但马上就想起了我是《通往奴役之路》的作者。他喝醉了，只说了一句话："你讲的完全正确；但这种情况永远不会在英国发生。"半小时后，他发表了演讲，这是我听过的最精彩的演讲之一。

提问者6：恩斯特·贡布里希告诉我，他认为"盖世太保演讲"很可能使丘吉尔失去了选举获胜的机会。你认为这么说有依据吗？

哈耶克：我想这并非不可能。在那个阶段，他受到了艾德礼和道尔顿的攻击；每一次都被指控从奥地利经济学家弗里德里希·奥古斯特·冯·哈耶克那里得到启示。据此，在公众心目中我就与丘吉尔联系到一起了。不过，他显然知道这本书的内容。我从那次碰面中知道了这一点。我不确定他读了多少，整本书？除了这一次，我从未对他有任何影响，也没有什么接触。但是，那场演说中的“盖世太保”一词后来被用来反对他，可以说这场演说本身比其他任何东西都造成了更多的损害。

提问者6：我的另一个问题是关于“冯”字的使用，如“冯·米塞斯”“冯·哈耶克”等。我依稀记得有一个故事，讲米塞斯如何得到他的头衔，作为一个犹太人这其实很罕见；故事是说他父亲得到头衔并传给他的。其间细节如何？

哈耶克：他们的“冯”字都是继承来的。我们先谈谈米塞斯故事中的那位绅士。一般的故事是，想象一下在英国，所有的高级公务员都是专业人员和商业人士，他们凭借特殊的功绩获封“爵士”，并将其传给他们所有的孩子。在奥地利，你不会被称为“爵士”，而是被称为“冯”，通常都可以追溯到几代人以前。还有一个复杂的状况，那就是这个头衔随着1918年的革命被正式废除，甚至被禁止使用。结果略显滑稽的是，在奥地利，没有人可以合法地为自己使用这个头衔，但他可以用在另一个人头上。在奥地利，你只被禁止自称 94
“冯”，但出于礼貌，你会这样称呼任何一个在历史上获封这个头衔的人。在我自己这里，问题就更复杂了。我是一个遵纪守法的公民，于是完全不再使用“冯”这个头衔，但我的出生证明当然不可避免地会出现这个头衔。因此，我在英国归化入籍并为此提交出生证明后，收到了入籍证明，结果我的英文名字突然变成了"冯·哈耶克"。当时，我急着用英国护照去欧洲度假，所以没有请官方机构去修正，于是就慢慢接受了下来。从那时起，在奥地利，我的正式名字是哈耶克先生。但在英国，我成了冯·哈耶克先生。

提问者7：能请您谈谈写作《通往奴役之路》的意图吗？

哈耶克：它的目的就是反对我所说的经典社会主义；这种社会主义的主要目标是生产资料的国有化或社会化。许多当代社会主义政党至少在表面上放弃了这一点，转向了再分配/税收公平观念，也即并不能直接应用的福利。我不认为这改变了它的基本缺点，因为我相信这种对经济活动的间接控制最终还是会导致同样的结果，只不过进程要缓慢得多。因此，我当时说的那些人转向中央计划体制——这仍然是大多数社会主义计划的正式目标——所带来的立即危险，现在似乎不那么相关了，或者至少在进程上已经有差别了。现在福利国家政策的某些部分（再分配方面）最终会导致同样的结果：市场秩序的破坏，以及使得逐步强加越来越多的中央计划变得越来越必要，而这将违背当今社会主义者的意愿。这将导致同样的结果。但我对这一过程的描述，特别是我设想的、它可能发生的相对速度，当然就不适用于所有的社会主义方案了。

提问者7：摆脱对中央计划的依赖，转而利用预算进行收入再分配？ 95

哈耶克：正是如此。我不知道是否应该说我属于王婆卖瓜。我认为，如果社会主义者坚持其最初的计划，它可能会更早地失去信誉。

英文编者按：以下部分重印了 1945 年 4 月哈耶克与两位芝加哥大学教授谈话的完整电台广播记录。

《通往奴役之路》电台讨论

芝加哥大学圆桌会议

国家广播公司（NBC）联合举办

1945 年 4 月 22 日

围绕圆桌讨论的信息

弗里德里希・A. 哈耶克，伦敦经济学院经济学教授，1899

年出生在维也纳。他曾就读于维也纳大学，并在1921年进入奥地利公务员队伍。后来，他成为奥地利经济研究所的负责人，同时在维也纳大学任经济学讲师。1931年，他前往英国担任伦敦大学的经济科学教授，并且从20世纪30年代中期开始，就一直就职于伦敦经济学院。他于1938年成为英国公民。哈耶克著作等身，包括《价格与生产》(1931)、《货币理论与商业周期》(1933)、《集体主义经济计划》(1935)、《纯粹资本理论》(1941)、《通往奴役之路》(1944)等。

梅纳德·C.克鲁格(Maynard C. Krueger)，芝加哥大学经济学助理教授、本科学部委员，在专攻经济学之前，曾经做过历史和国际政治研究。他于1926年在密苏里大学完成本科教育，1927年在此获得硕士学位后，加盟阿尔比恩学院，担任历史学讲师。他有三年时间在欧洲，分别于巴黎、柏林和日内瓦的大学深造。从1928年起直到1932年加入芝加哥大学，他在宾夕法尼亚大学的金融和商学院任教。他目前担任社会党全国主席，并在1940年作为副总统候选人参加了社会党的全国大选。

查尔斯·E.梅里安(Charles E. Merriam)，芝加哥大学政治学莫顿·赫尔荣休教授，曾是国家资源规划局的成员，并担任该部门副主席。他还曾是晚近社会潮流委员会和总统行政管理委员会的成员。
96 梅里安教授一直活跃于芝加哥政坛，担任过三届市议会议员，在1911年竞选芝加哥市长时以微弱劣势惜败。他曾在莱诺克斯学院和爱奥瓦州立大学学习，并获哥伦比亚大学硕士和博士学位。自1900年以来，梅里安教授一直是芝加哥大学政治学系的成员。他著作等身，包括《美国政治学说史》(1903)、《美国政治思想，1865—1917》(1921)、《美国政党制度》(1922)、《政治的新面向》(1925)、《政治力》(1934)、《政治学在社会变动中的作用》(1936)、《新民主与新专制主义》(1939)、《政治学引言》(1939)、《什么是民主?》(1941)、《论民主的议程》(1941)、《公共政府和私人政府》(1944)等。

“通往奴役之路”

克鲁格先生(以下简称“克”)：哈耶克教授，你刚刚出版了一本书，这本书算得上是对各式社会主义者的总攻击，其中也包括了社会党的社会主义者，而我就是这个党的成员。今天的圆桌讨论当然首先要论及你的主要论点。能用一句话为我们概述你书中的基本论点吗?

哈耶克先生(以下简称“哈”)：这其实不是对社会主义者的攻击，而是要试图说服社会主义者，我的这本书就是献给他们的。我的主要论点是，社会主义者为达到其欲求目标所用的方法是错误的。目前，我们手头拥有两种相互对立的安排社会事务的方法：竞争和政府指导。我反对政府指导，希望让竞争发挥作用。

克： 这本书也是对计划（planning）的攻击。梅里安教授，你目前正在开设政府与经济秩序关系的课程。这本书给你的印象如何？

梅里安先生（以下简称“梅”）： 我投身各种计划上已经有四十年了——包括芝加哥计划、州计划、区域计划以及华盛顿的国家计划——我并未发现这些计划会将我们带往奴役，反而引导我们走向了自由、解放与更高层次的个性。我发现，这本书对我们的领域并没有什么特别的重要性，只会让人们对计划之于这个国
97 家的意义感到困惑。

克： 我预见到，在这点上会有一些有趣的讨论和争议。哈耶克，你的主要论断是，计划会导致极权主义。你对这个说法有什么限定吗？

哈： 当然有了。你在讨论中使用“计划”* 的方式是如此模糊，以至于几乎毫无意义。你似乎把所有的政府活动都称为计划，并假定有人反对所有的政府活动。

---

* 梅里安所使用的计划一词涵盖的范围较广，故而在下文部分情景中，根据语言惯例更适合译作规划，这也显现出他所谈论的概念与哈耶克的不同。

梅：换句话说，你不喜欢“计划”这个词的美式用法，而要引入另一个用法？

哈：我不了解美国人的用法，而且我怀疑这是否是通俗的用法。这可能是你的用法。

梅：美国规划官员协会就在这条街对面，大约有一千二百名会员。有数百个城市规划委员会和四十八个州规划委员会，在过去的十五或二十年里，各种各样的规划一直在华盛顿进行着。如果你不知道这些，我现在就直接提醒你。

哈：我知道这些，但在美国有很多人反对规划，他们的反对并不等于说，他们认为根本就不应该有任何政府。他们想把政府限制在某些功能上。我的确觉得，这里的讨论和其他地方一样，都是很让人困惑的。我想指出的是，有两种基本的、互相对立的方法来安排我们的事务。一种是依靠竞争的方法，要使其有效，就离不开大量的政府行为确保其正常运行，并在竞争无法生效的地方起到补充之效。

梅：我不喜欢在美式的计划概念上这么快就被你打发掉。我今天才读到对你那本书的评论，里面丝毫不带歧视地说“这将是对意图良好但情绪化的计划者和社会主义者的解毒剂”——这比你在书中的歧视还 98

要更甚。

哈：我希望这本书会是这样。

梅：这么说的话，我作为美国式的计划者就必须告诉你，我们不在这个意义上使用你那个词，也不喜欢你把计划这个词的用法强加在我们身上。

克：梅里安，请稍等片刻，让我们给他一个机会，向我们和听众解释他用“计划”这个词指代什么。哈耶克先生，我理解，你并不是拒绝在所有领域进行公共计划。你能不能给我们一份不在你攻击范围的计划清单？

哈：存在着竞争赖以运行的、针对法律框架的整体设计——合同法、财产法、防止欺诈和欺骗的一般规定。这些都是完全可取的政府活动。不过请让我从更积极的层面定义一下与竞争相悖的计划吧。

当政府被要求决定生产多少东西，允许谁生产，排除谁生产，谁拥有这样的或那样的特权——那么这就成了一种社会制度，它是竞争制度的对立面，无法与竞争相调适，这种制度至少在一百年前就得到绝大多数社会主义者的提倡，并产生了巨大影响——我反对它。我所反对的单单就是这种计划。

克：就此，我们可以提一些问题吗？比如，关于工作时间的限制——最长工作时间法案？这是否符合你的“适当计划”概念？

哈：是的，如果这一法案不太过分。这算是在整个系统中创造公平条件的法规之一。但是，当然了，如果它越过了与一国总体情况相一致的那个点，那么干涉可能就太多了。如果今天你规定任何人的工作时间不得超过四小时，那么它可能将彻底破坏竞争制度。 99

梅：根据你的判断，对劳动时间的任何限制都会引起反对吗？

哈：不是“任何”，但的确有这种可能。在刚才的例子中，我是从程度而不是原则的角度去反对的。这[劳动时间限制]是那些应该与特殊措施条件下的成本问题相符合的事情之一。

克：最低工资法是可以接受的吗？

哈：为所有行业制定一个普遍、适度的最低工资法是可以允许的，但就其要达到的目标而言，我不认为这是一个特别明智的方法。要想为所有人提供最低工资，我知道一些更为适宜的方法。但是，一旦从为所有行业规定一个普遍的最低工资，转向为不同行业规定各自不同的最低工资，这必然就会使价格机制失灵，因为这样一来价格机制就不再是人们在产业与贸易中的指导原则了。

梅: 那 TVA* 呢?

哈: TVA 体系中的很多东西是任何有声望的经济学家都不会反对的。当然,主张自由放任的人也不会反对。防洪和修建水坝属于公认的政府职能。我的印象是,这个计划中还附加了很多其他的东西,而这些东西本不需要交由公有企业完成。但是,由政府提供防洪和类似服务在原则上是完全合法的,这是政府的必要职能。

梅: 即使像 TVA 那样涉入水力发电的开发,也可以吗?

哈: 这要视情况而定。如果水电真的不能由私人企业提供,我不反对上述做法。

梅: 这不是一个逻辑问题,而是在实践中如何调适的问题。

哈: 能否创造竞争性条件这整个问题,就是实践性问题。

梅: 不是逻辑问题吗?

---

* Tennessee Valley Authority,即美国田纳西河流域管理局。

哈：我的论点是，在能创造竞争性条件的地方，就应该依靠竞争。100

克：一个全面的社会保险制度是否违背了你所定义的良好计划？

哈：［我反对的］当然不是这样的社会保险制度，甚至即使它由政府帮助组织［我也不会反对］。唯一可能出现问题的地方是，在多大程度上使它变成强制性的，以及在多大程度上它会被顺带用以加强工会的垄断行为，因为这样它很可能沦为一种消除竞争的方式。

梅：你的意思不是说你会反对任何政府性质的社会保险吗？你想让社保完全成为可选择的吗？

哈：社保最好是可选择的，这与它是政府支持的并不矛盾。但社保为什么需要变成强制性的，我一点也不明白。

克：其中一个原因是，广大民众在内的许多人应该得到社保。这就是它成为强制性的原因。我想大家都很赞同这样做。

哈：我对此并不了解。

克：你对食物、衣服和人们住所方面的最低保障是怎么看的？这是否违反了你定义的“适度计划”？

哈：你说的“最低保障”是什么意思？我一直说，我赞成为全体国民提供最低收入。

梅：你在你自己的书中使用了这个词，你在那里指的是什么？

哈：我以我的方式重述一遍：我指的是确保每个人都能获得托底的最低收入。你肯定已经有了，主要是通过失业保险这种形式。

梅：当克鲁格使用这个词时，你似乎很不安。

哈：不，他把“最低保障”变成了对特定东西的特定保障了。

克：那完全是引用来的。

梅：从你的书中。

克：食物、衣服和住所的最低保障。如果这是可接受的，那么我很高兴听到你这么说，因为你其实大大超过了这些。在国际领域，你希望有一种力量，能够限
101 制各个国家伤害其邻国的活动。在我看来，你所允许的公共计划远比这个国家大多数读你书的人估计得要多。

哈：我注意到这点了，但我确实不是无政府主义者。我不认为在缺乏明智订立且得到有效的强制实施的法律制度时，一个竞争性的制度可以正常运作。在

国内层面,我们对此至少有一套方法;而在国际上,我们甚至连法律制度也没有。

克:我们能不能请你再说一下,在你的理想制度下,什么样的计划会被排除在外?你认为什么样的计划是有争议的?

哈:我已经给出了一般定义。就是所有对生产数量或方向的直接控制。如果你想得到一些贵国的例子,那我就要给你讲讲战前的事例了。我们可以举出农业调整署,几乎所有的 NRA*,以及晚近的古费煤炭法案。这份清单会很长。

梅:你也会把关税包括进去吗?

哈:当然了,所有阻碍竞争的限制都在其中。

梅:你会废除一切关税,是吗?

哈:我是一个坚定的自由贸易论者,自由贸易是这种哲学的一部分。

梅:没有任何限制或条件?

哈:让我感到遗憾的是,这么多读我书的人都不支持自由贸易,并且也没有看到这是同一种哲学重要

* National Recovery Administration,即全国工业复兴管理局,成立于罗斯福新政期间,该机构旨在与一些商业领袖合作,制定产业标准,对产量、价格和工作环境等进行规范。

的一部分。

梅：你反对农业价格平准制度*吗？

哈：如果"平价制度"意味着某一特定价格将由政府做担保，那我当然反对，因为这意味着竞争的价格体系完全失效了。

梅：那么，你认为，如果我们要避免走上奴役之路，就必须废除所有的关税和针对农民的平价制度？

102 **哈**：这将是免于遭此厄运的最可靠的手段之一。

克：我感兴趣的另一件事是针对失业的计划问题。你在自己的书中解释了，为什么比起上一代人，人们现在更想要计划。你在解释时从来没有使用过"失业"这个词，这词在你书中极少出现。就解决失业问题而言，什么样的计划是合理的？

哈：从本质上讲，急需并且可能有效的计划，我认为主要是——差不多完全是——在货币政策领域，尽管我不同意当前诸多的这类主张。我的意思是，政府在提供条件以实现高水平且稳定的就业方面负有要责，这一点毋庸置疑。至于具体措施能否生效，则是一个非常技术性的问题。

---

* 价格平准制度（price parity）指美国政府通过价格补贴和生产限额，调节农产品价格，使农民的购买力保持平稳。

梅：［美国］联邦储备银行是否正走在通往奴役的路上？

哈：他们会犯错误。

梅：我是问原则上如何？

哈：不是的。在我看来，任何明智的人都不会否认货币体系必须处于中央监管之下。这是让竞争发挥作用的框架的一部分。

梅：你没听说过在采纳联邦储备银行委员会法案时发生的争论。

哈：我非常详细地研究过联邦储备制度的历史。

梅：那你有没有听说，它被谴责为带有社会主义色彩？

哈：我不会为任何人讲过的废话负责。

梅：你不喜欢那些话，就称其为废话或者斥其含糊不清。

哈：是你认为这些是废话的。

梅：的确是，但作为一个现实主义者，我把在这个国家——我是说美国——发生的视为与奥地利、欧洲大陆或英国的有别。

克：在我看来，你书中的一个主要论断可谓是无稽之谈。那个论述用平白的语言说就是，从历史的真

103 实情况出发,极权主义,特别是法西斯主义的兴起,不是对欧洲集体主义潮流的反动,而是社会主义潮流不可避免的后果。这在我看来显然是对历史事实的颠倒,我希望你用一些我可以理解的术语,就此重新阐明。

梅: 使用有限的术语。

哈: 这确实是我的主要信念,也是这本书的主要论点。简单地说,社会主义潮流是所有人类行动中将越来越多的权力交到政府手中的主要起因。在欧洲,一旦政府直接控制了很大一部分社会行动,他们就势必告诉人们,这些活动必须服务于何种目的。因此,政府会从仅仅控制我们的物质活动,转向控制我们的理想和信仰。

梅: 要回应这个,我就必须说,从 1899 年在柏林大学读书而待在德国开始,而后又多次去过那里——特别是在 1924、1926、1929、1930 和 1932 年期间——我的印象是完全相反的。不是共产主义这一事实,而是对共产主义的恐惧,才是促成纳粹主义发展的最有利因素。

克: 如果我们尚不能在集体主义、社会主义和法西斯主义之关系的历史观察上达成一致,那还是让我们转向逻辑上的论证吧。哈耶克，你的论点是，中央计划必然导致极权主义。我想进一步探讨这个观点。

梅：你的“中央计划”是什么意思？我对这部分有点迷惑。

克：这是第一个我要思考的东西。我想和你们两个人一起思考，是不是可以通过下定义——例如，就将计划定义为极权主义——来解释，或者说这里面是否有一种真实的逻辑关系，因为我跟不上这本书中的论证。

哈：我是在这个意义上使用“中央计划”这个词的，即过去人们主张，如果我们把事务从自由企业的手中转交给政府控制，这些事情就能处理得更好。这就 104
是我的用法。一旦你这样做了，就会出现这些人无法预见的事情，但这也算是必然的结果。因为政府控制了这些手段，它就要去决定将这些手段用于何种目的。

梅：最初的马克思主义者是无政府主义者，不是吗？他们根本不相信国家。

哈：他们希望最终能废除国家，但提出的路线却要经历一个全能国家的阶段，他们仅仅承诺在非常遥远的未来废除国家，却从未解释如何实现这一点。

梅：然而这只是一个信条，不是吗？

哈： 马克思主义的学派有很多呢。

梅： 我们能不能说，列宁应该被看成是共产主义的先知？

哈： 我怀疑，在共产主义俄国有没有人相信国家会消失。

梅： 我们是在根据情境推理，而不是处理实际事务。那就是信条，不是吗？

克： 哈耶克，你都落得在不同段落中交替使用“社会主义”、“共产主义”、“极权主义”、“计划”和“集体主义”等术语了。你用一个替代另一个，这让我们不禁要问，你说的计划到底是什么意思。比如，你坚持认为计划要求对个体的活动进行控制。

也就是说，如果要做经济计划，中央计划机构必须要决定人们的职业选择，废除职业选择的自由，必须规定人们作为特定的个体想要消费何种商品和服务，以及相应的数量，并且必须进一步建立对个体思想和言论的控制，甚至管控人的家庭关系。你在书中提出了这一切。中央计划何以要求对个体活动进行这般控制？

梅： 当你说“中央计划”时，你已经排除了我的那
105 种计划。

克： 他也在排除我的那种计划。

梅： 从某个角度来看，华盛顿是中央计划，国家规划协会也是中央计划。

哈： 我并没有交替使用这些术语，克鲁格。我说，集体主义是一种手段，可以用于许多不同的事情上，其他的则都是集体主义的不同样本。但我也说了，某些结果是由手段引起的，而不是由人们想要达到的目的造成的。提出中央计划这种方法作为取代竞争来组织生产的方式，意味着政府或某些中央机构必须完全控制资源。

梅： 但是如果"中央计划"不是这个意思，在美国它当然也不是这个意思啊。

哈： 我相信，我对这个词的定义和使用，在上述意义上是一致的，即使在美国也有很多这类中央计划。

梅： 我对此表示质疑。你能举出一些例证吗？

哈： 我之前已经给了你一份清单。

梅： 你指的是农业调整署；但无论如何它是符合宪法的。它们并没有把我们引向奴役之路，它们已经终止了。

哈： 大部分的战时控制措施都是中央计划，但它们只是暂时的。

梅： 你希望战争的执行由各区县来进行？战争必须是集中的，不是吗？

哈： 在战争期间，我们都不得不在某种程度上走向极权主义。

梅： 你不反对这样做，是吗？

哈： 不反对。因为从长远来看，要维持自由，你可能需要在一段时间内牺牲部分自由。

克： 就反对这种计划的定义（按照其定义，它需要控制所有个体活动）而言，我必须要说已经有大量的论著了，不用说你肯定是读过的，它们阐述了一种立足
106 于去集权化的民主式计划，在决策时基于规则的运用而非任意裁量的权威，并且建立在对民主政治程序的维护之上，将其作为人民对政府官员的一种实质控制。但你似乎忽略了所有这些。比如，你坚持认为，计划与法治是不相容的。

梅里安，你是一个信奉法治的人，对此有什么要说的吗？

梅： 是的，我对法治有所了解。不过在我看来，在哈耶克的研究存在的若干不足中，最大的一个是他没有考虑到行政和管理的问题。如果我对他的理解是正确的话，他认为把什么事情委托给行政人员或管理者

都是非理性的。

哈：刚提到的要点太多了。克鲁格，我认为你提的是最重要的。

梅：我认为我的观点最重要。

哈：我必须先从克鲁格开始。有些社会主义者设计了新的实验方法，要用这些去替代传统社会主义的方案，这在智识上是很吸引人的。事实上，它们恰恰是对我指出的危险有所认识后的产物。我认为你考虑得还不够深远。你没有看到现实有多么危险，也还没有通过你提出的修正措施来避免这种危险，但至少你已经看到了端倪。

不过，我的观点是，我一直在争辩的是影响当前发展趋势的那种社会主义，而不是那种投机性的社会主义，后者加起来不过五年光景，仅仅在几篇文章和学术期刊中得到讨论，连作者都非常怀疑它是否真的会成为一个实践性问题。

梅：你在讨论什么？我似乎有些懵了。克鲁格，你能理解他在说什么吗？

克：我觉得他是在否定所有就计划如何能民主地施行这一问题所写的非常有见地的东西，因为他所坚 107
持的定义意味着计划就是不民主的。

梅：他要把我们排除在外。根据定义，只有他的定义才是定义，我确信。

哈：早在五年或十年前，我就开始用这个定义了，我认识的所有社会主义者也都在使用这个定义，而且他们都声称这种计划可以在民主制度下施行。现在你我都得出结论，所有关于政府指导经济的旧观念都不可能在民主制度下实现。所以我得出的结论说，这适用于所有的社会主义。作为回应，你现在设计了一种你觉得可以免于此种困境的新型社会主义，而我是以最大的兴致去观察这些试验的。

梅：那么，我不明白你怎么能肯定，在你从未尝试过的制度下为什么无法保有民主的状态。

哈：你可能有完全不同的控制方式。我完全赞成发展和试验。

梅：我认为，我们比你对民主更有信心一点。我能这么说是根据你书中的某些段落得来的。

克：让我把这一点继续推进。哈耶克，你坚持认为，任何一种计划都与法治不相容，而你在一个小脚注中驳斥了一切谈论具有民主本质或特征的社会主义计划的东西。你似乎对政治过程成为政府对人民负责的手段毫无信心。这真的是你的立场吗？你是不是对政治程序作为一种确立责任的方式没有信心？

哈：如果你是在我所指的意义上使用中央计划——政府对生产的指导——那我非常确信，它无法受到民主程序的有效控制。它要求人们达到的那种共识的程度，在自由社会中根本无法想象。它对让人们达成一致的那些方式是有所需要的；不是那样的，你所期盼的民主制衡永远无法成真。

梅：在“为什么最坏者当政”这章中，你似乎对民
主社会能够达成多少东西表示了严重的怀疑。例如， 108
你说，人们越是聪明就越不可能达成一致。如果真是这样，那我们的教育过程就失去价值了。

哈：我是说，像梅里安你这样的人，倾向于让民主承担它无法完成的任务，可能会以此摧毁了民主。

梅：是你认为那是我的观点。我的观点在于，那[达成一致的观点]其实本身就是民主的构成；而民主的缺陷是由于人们采信了某些人认为等同于你的判断的观点。

哈：这就是我们的分歧所在。

克：哈耶克，我和你一样对全能国家持怀疑态度。

梅：你说的“全能”国家是什么意思？

克：我在用他的术语说话。他在每一章都使用了

"全体""全面"等字眼。

梅：没有哪个国家是全能的。

克：我不希望以极权国家的发展来挽救19世纪经济权力向私人集中的状况。但如果你真对这一点感兴趣，哈耶克，我觉得你也会对政治程序的改良感兴趣，这样的改良在人民和政府之间建立起联系。而不是像你说的这样，请让我引用一句："在定期的代表选举中，对个人的道德选择往往越来越淡薄，这不是检验其道德价值的场合。"在我看来，除非政治程序能够体现道德价值，否则将会陷入大麻烦。

哈：如果你把这句话从上下文中抽出来，会产生很大的误导。

克：我建议我们每个人都做一个最后陈述，为听众澄清我们在这个问题上的基本立场。

梅：我发现，现代的趋势是走向自由——自由的程度比人类历史上任何时候都要高。农奴社会和奴隶制已经被我们甩在身后，而不是埋伏在前方。战争和失业——人类面临的最大诅咒——正处在被人
109 类废除的过程中，民主的努力以公共和私人层面的进取精神，凝聚了政府、企业、劳工、农业和教会的创造性力量。

克：如果你非要认定计划带有极权主义色彩，那么你就没有办法使它变得民主；但是，计划与维持限制任意权力的程序性规则是相容的。自由、平等和安全都可以结合起来，不过我认为，有些自由必须被废除或受到限制，才能实现这一点。其中之一就是私人借占有和控制他人生活的基本手段以获得利润的自由。道德原则必须被纳入政治程序，而且要通过政治纲领和政党来运作，而不是仅仅将道德限制在个体行为的适当领域。否则，自由将只是"自由联盟"（Liberty League）中的一个词而已。

哈：我并没有为你说的话所动摇。你看，你仍然在谈论一个古老的争论——关于国家是否应采取行动或根本不采取行动。我书中的全部努力都是为了以新的辨析去代替过去那些愚蠢又含糊不清的观念。我意识到，某些类型的国家行动是极其危险的。因此，我的全部努力都是为了区分合法和不合法的行动。为了做到这一点，我要说，就政府为竞争制定计划或在竞争机制无法运转的地方介入而言，我是没有异议的；但我认为，所有其他形式的政府行动都是非常危险的。

第四部　芝加哥—弗莱堡

1946 年春夏之际，我分别到芝加哥大学和斯坦福大学做了两个月的战后访问学者。这是 1949 年前我在美国停留最久的一次。那段时间里，我奔忙多年终于获得闲暇，便重新开始了二十五年前就着手进行的心理学观念研究，这项研究最终以《感觉的秩序》公诸世间。

在结束我的上一次访问（1945 年巡回演讲）之后，从事更多带有通俗色彩的写作和演讲所带来的经济诱惑变得相当大，一些朋友强烈建议我留在美国，坐收经济回报。各种各样的邀约纷至沓来。但我不觉得这种工作有多大吸引力，而且也不认为自己能轻而易举地完成它。事实上，我觉得这种面向公众的演讲和写作对人的思想有腐蚀作用，况且从长远来看，如果我坚守在学术活动上，可能会给我所在意的政治理想尽一份力。但是，我确实运用了一些实际的影响力，也同时赚到了一笔可观的额外收入，这使我觉得自己能够从对俗世的关切中抽身，在一段时间内把精力花在完全抽象的问题上。我感到这也算是明智之举；我的一些左派朋友（很厚脸皮地）让我了解到，在他们看来，我已经不再是科学家，而沦落成宣传者了。不管怎么说，我决定做那些我认为是天职的事情来犒赏自己，在一段时间内完全不必顾及人们对我的期望，充分投身自己感兴趣的东西上。我在理论心理学方面有些想法，它们是我在战争初期从事社会科学方法论工作而唤醒的。

我本不希望离开英国，特别是如果我可以继续住在剑桥的话，不过我开始觉得像伦敦经济学院这样高度专业化的机构，其氛围有些偏狭了，而且在那里工作通勤距离长，教课也在晚上，让我觉得越来越累。我之所以立即在 1950 年接受来自芝加哥的邀请，只是因为它为我的离婚和再婚提供了经济基础，这是我 111
长期以来的愿望，战争使它推后了很多年。事实上，芝加哥大学社会思想委员会的职位给我提供了一个理想的机会去追求我那些逐步扩展的新兴趣。作为社会和道德科学教授，我可以在那里投身任何自己关心的课题，并按照自己的意愿决定教学量的多与少。事实上，作为一名经济学家，我算是有点过时了，但同时也对经济学发展的走向感到惋惜。尽管我仍把自己在 20 世纪 40 年代做的那些有关科学方法论、观念史和政治理论方面的研究看作对另一领域的一种暂时性涉猎，但我发现我已经很难再回到系统的经济学理论教学工作上了，这反而让我觉得是种解脱，我不用出于教学职责而被迫做这些事情了。

提问者6：你［在1950年］移居美国是不是与沃克尔基金会有关？

哈耶克：在巡回演讲［1945年］期间——它是我讲这个故事的全部原因——最重要的一次演讲发生在底特律的经济俱乐部。当时，我的大本营是芝加哥大学的四角俱乐部，它的幕后是芝加哥大学出版社，所有东西都掌握在全国演奏与艺术家组织手中。底特律的那场讲座相当成功，第二天还是第三天早上我回到了芝加哥，有位先生来到俱乐部找我，他说："教授，我不会占用你很多时间，只是应该有人为美国也写一部《通往奴役之路》。你能做这件事吗？"

"我不知道。"

"这事可以做吧？"

"嗯，如果你选了一个合适的人，我想也许能做。"

"这需要花多少钱？"

"我对美国的标价不太熟悉，但我想，每年大概要一万美元［折算成目前的价格是六万美元］，连续三年，应该就能完成了。"

"好，这笔钱是你的了。"

那个人就是卢诺（Luhnow）先生。我当时没有太把他放在心上，但我和亨利·西蒙斯（Henry Simons）

对此有过长谈，他是我在芝加哥的朋友。中间牵扯到一些复杂的问题，最后我不得不返回英国。在途中我 112
只好向卢诺报告，说自己对此无能为力。

他以电报回信，问："是否可以以你提出的条件回来继续做这件事？"

"不一定需要你付钱。如果你找一所大学邀请我去做客座教授，我可能会顺带把这事给办了。"

"你倾向于哪所大学？"

全靠电报沟通。我说"芝加哥"，我是在那里与亨利·西蒙斯谈话的，然后我提起还没有去过西海岸；于是斯坦福大学也成为备选项。三周之内，我收到了三所大学校长的邀请。根据安排，我要在一个学期中分别待在芝加哥和斯坦福。

提问者6：创作美国版《通往奴役之路》这个项目后来怎么样了？

哈耶克：我几乎说服了亨利·西蒙斯接手这个工作，条件是当时在华盛顿工作的亚伦·迪雷克托(Aaron Director)加入，两人一起工作。

提问者6：这应该是在芝加哥？迪雷克托是米尔顿·弗里德曼(Milton Friedman)的姐夫？

哈耶克：是的。迪雷克托从前在芝加哥，战时到了华盛顿工作，当时也还在那里，亨利·西蒙斯是与我接洽的人。但事情没有成功，先是亚伦拒绝接受这份协助亨利·西蒙斯的工作。不久，离奇的事发生了。在我去斯坦福大学做进一步努力过后，亨利·西蒙斯突然去世了。总之，结果是亚伦·迪雷克托作为密友觉得有义务继续他先前不愿与亨利·西蒙斯合作的事情。于是，亚伦·迪雷克托带着沃克尔基金会的钱去了芝加哥，任务是为美国写一本《通往奴役之路》，但他没有这么做。这就是我与卢诺相识的开始。此后，除了参加他召集的一些讨论会，我不再与他有直接的接触，但我有理由怀疑，稍后约翰·奈夫试图说服哈钦斯把我邀请到芝加哥时，卢诺在其中起了作用。我一开始计划去经济学系，但他们拒绝了我。

……不管是谁在幕后，要我去芝加哥的希望是一直有的，后来他们又把努力方向从经济学系转向了社会思想委员会。结果，这对我来说反而更有吸引力，因为在教了二十年的经济学理论后，我有点厌倦了；而社
113 会思想委员会的邀约则明确了，我可以讲授与社会科学沾边的任何学科，而且如果什么时候我不想教学，那它也不强求。这一点加上相应的高薪，让人难以拒绝。于是，我就真的去了芝加哥。

《科学的反革命》中论及观念史的章节，就是我于 1940 年在伦敦写的关于圣西门主义者和孔德的文章，这是我在长期感兴趣的领域做的最具野心的一次尝试。它是我在不同时期所写的各位经济学家（戈森、维泽、坎蒂隆、门格尔，其中关于亨利·桑顿那篇是这些文章中我最喜欢的一篇）传记文字的一部分。而我对圣西门主义者的研究无意中使我将大量时间用在了约翰·斯图尔特·密尔身上。事实上，密尔对我而言一直谈不上太有吸引力，尽管我偶然获得了最好的密尔专家之一的声誉。之所以研究他，是因为我在追踪圣西门主义在英国的影响时注意到，密尔的好些书信为这一问题提供了线索，而这些书信要么分散在众多出版物中，往往不易觅得，要么就还是手稿的形态。

我浏览了能够找到的未出版书信，发现这类材料可以说是一种富矿了——其中密尔与他后来妻子的书信尤其吸引人，因此就起意对其做了一番系统的收集整理，然后挑选出一些最有意思的内容公之于世。在战争期间偶然发现这些材料时，我正好有空闲，也有一个合适但是在其他情况下雇不起的助手（博施博士）。于是，我就想要在这项计划上走得比设想的更远一些。但在 1951 年出版了密尔和哈丽雅特·泰勒之间的通信，并将所有材料交付给优秀的密尔传记作者迈克尔·帕克（Michael Packe）处理之后，我把自己积累的所有密尔通信手稿都交给了康奈尔大学的弗朗西斯·E. 米尼卡(Francis E. Mineka)博士，我确信他在编辑工作上要比我做得更好。

我对密尔的研究产生了一项始料未及，但令人愉悦的成果。在编辑密尔与妻子的书信时，我不得不略去了 1854 年冬天到 1855 年春天，密尔因健康问题前往意大利和希腊做长途旅行中写给她的大部分长信。然后我突然想到，带着制作一本注释详尽的书信集这个目标，在整整一百年后重走这段旅程可能会十分有趣。我成功说服古根海姆基金会拨来一笔可观的资金赞
114 助这趟旅行，所以我和妻子得以借助汽车旅行，度过了愉快的七个月。我们首先穿过法国的西部和南部，行经意大利，一直到那不勒斯，然后环游西西里岛的大部分地区，到达科孚岛和雅典，并以雅典为中心访问了埃维亚岛、德尔斐和伯罗奔尼撒半岛的大部分地区。由于我们能够乘车旅行，比起密尔依靠铁路旅行要快得多了，所以尽管我们一般都尽量以密尔访问各处的日期到达这些地方，但还是省下了足够的时间，以便从那不勒斯顺道去埃及做了题为“法治的政治理想”的演讲——这是我应埃及银行的邀请而做的。

在 1955 年秋天回到芝加哥后，这些演讲连同对密尔思想的持续关注使得《自由宪章》的写作计划突然清晰地出现在我的脑海中。有一个与之相关的故事，我想讲给大家听。根据密尔在《自传》中的叙述，《论自由》一书的想法是他走在罗马国会大

厦的台阶上时产生的。而一百年后的同一天,我在那里重复同样的事情时却没有产生任何灵感。我后来才意识到,确实不应该有这样的期望,因为密尔撒了个小谎:书信显示,写作这本书的想法在他到达罗马之前就已经产生了。不过,在我们的旅行结束后不久,我脑海中就浮现出了明确的计划,围绕在开罗所做的讲座写一本讨论自由的书。在接下来的三年里,我完成了《自由宪章》三大部分的各章草稿,并在 1958 年至 1959 年冬天做了整体修改,以便能够在我六十岁生日那天(1959 年 5 月 8 日)把完整的稿子交给美国出版商。(书在 1959 年 12 月就印好了,不过正式出版日期定在了 1960 年 2 月 9 日。)

1960 年 5 月,距《自由宪章》刚问世不久,我患上了重度抑郁症,病情持续了一整年。我当时把它看作戒烟的结果(牙医发现我的上颚有一个疮口,结果做出了错误的警示),因为当一年后我又开始吸烟时,抑郁确实几乎立即就消失了。不过,我现在更愿意把它看作目前[1972 年 3 月]为止已经持续两年的同一抑郁症的早期发病[这场抑郁症一直持续到 1974 年哈耶克获颁诺贝尔奖前的某个时段]。第一次患病结束是在 1961 年春季,当时我们正在夏洛茨维尔的弗吉尼亚大学访问,访问的大部分时间都处在抑郁症的阴影之下。

我越来越相信,自己在 70 年代初的糟糕状态主要由于我在 1969 年出现心律不齐之后,被为人不错且受人尊敬的萨尔茨 115

堡医生误诊为糖尿病，并且开了一种导致血糖含量过低的药物，这是我所谓“内在战栗”症状的主要原因，也使我在智识上能力大减。我后来了解到，我自创的这种描述就是医生所熟知的血液中糖分含量过低的症状。支持上述解释的证据在于，即使停止服用这种药物，我的血糖仍保持在较低水平，这不太像一个容易得糖尿病的人。当然，这也可能是因为我的体重从 89 公斤左右下降到了 70 公斤以下。

我固然非常喜欢芝加哥大学的思想环境，但在美国从来没有像在英国那样有家的感觉。我也对这个职位提供的那笔供我和妻子晚年生活的收入有所担心，那是一笔在较早的退休年龄（六十五岁）一次性拿到的钱。1961 年至 1962 学年冬天，弗莱堡大学意外寄来了教授邀请，这份邀请不仅能让我延迟三年退休，还确保我能获得一份不错的终身年金。我毫不犹豫地接受了，而且对这次变动从来没有后悔过。我们在弗莱堡度过的八年从许多方面看都无可挑剔。我又成了经济学家，但可以把教学集中在经济政策问题上，我感觉自己在这方面还能够有所贡献。我们也非常幸运地找到了一处美观宜人的公寓，可享受到黑森林的美丽景致。

到弗莱堡时期的尾声，我都幸运地保持着充沛的精力及个人健康，工作能力也没受影响。尽管自打过了七十岁生日，我的活力明显大不如前——我没能完成在过去很多年中致力的工作——但总的来说，这些年是很有收获的。其间，我们的旅行也比以往都频繁：去了日本四次（顺道去了台湾和印度尼西亚），在加州大学洛杉矶分校逗留五个月后，回程坐飞机穿越了南太平洋（塔希提岛、斐济、新喀里多尼亚、悉尼和锡兰）。

一俟在弗莱堡安顿下来，我就开始为日后雄心勃勃地讨论法律、立法和自由的作品计划——《法律、立法与自由》（*Law, Legislation and Liberty*，共三卷，1973—1979 年出版）而工作了，在我看来，它是对《自由宪章》的一种补充。我在弗莱堡时期发表的大部分作品都是这项工作的衍生物，八年后当我们离开弗莱堡时，我已完成了相当长的初稿（除了结论那一章外）。我仍
然觉得，书稿里包含的一些想法意义重大，但以当时的呈现形 116
式，似乎不适合出版。

提问者 5：我记得你跟我提过一项计划。印象中，它是在 20 世纪 50 年代，为了获得福特基金会的支持以重建维也纳大学的吧。

哈耶克：嗯，为了恢复维也纳大学的传统。我想建立一个类似高等研究院的机构，把所有仍然活跃的流亡知识人召回维也纳——像薛定谔和波普尔他们，还有——哦，我有一份非凡的名单！我想，如果这件事能够得到资助，我们就能够建成一个优秀的中心。但

> 结果诞生的是维也纳福特研究所，完全致力于数学、经济学和统计学，我不是特别赞成这么做。在我看来，这项计划失败了，很大程度上是因为维也纳大学对这个设想没有表现出太多的热情。

《通往奴役之路》的成功给我带来的主要好处之一是，借助它所催生的各种巡回演讲，以及书信往来，我和很多对书中提出的问题持类似观点的人建立了联系，他们比我想象中要多。我发现，不仅在美国，欧洲大陆的一些国家也有一些个人或小型团体，他们仍然保留着伟大的自由传统，但在试图重述和捍卫它的时候，大家就像我们在伦敦经济学院的小团体一样，感到孤立无援。在伦敦经济学院，我最亲密的朋友莱昂内尔·罗宾斯，还有其他几位同道阿诺德·普兰特、弗兰克·佩什和弗雷德里克·贝纳姆，都和我的观点基本一致。

我发现，在和其他地方的同道——如亨利·西蒙斯和他的芝加哥小组，日内瓦的威廉·勒普克（Wilhelm Röpke），瓦尔特·奥伊肯（Walter Eucken）所领导的德国小组——讨论之后，我得到的启示不小，因此越来越希望能把大家召集起来，形成一个国际团体，讨论各自在努力恢复自由传统时面对的问题。我觉得，只有在秉持相同基本原理的团体内部，才有可能对这些问题展开卓有成效的讨论。而且我们得以借此互相学习，因为人们都在不同的方向推进着一些更为深层的理念，而在别的很多方面，我们大多数人都难免要接受时下流行的想法，其中有些实在与自由原则相扞格。

虽然战后的头几年里，我对这个想法进行了大量的思考和讨论，但如果不是在瑞士遇到了一位非常能干的组织者将我的计划付诸实施，那这个想法可能仍旧还是一个梦而已。苏黎世 117
的阿尔伯特·胡诺尔德（Albert Hunold）博士筹集到一些资金，使勒普克能够创办一份自由主义季刊，但他们之间出现的摩擦使这项计划无法施行下去。不过，胡诺尔德博士获得了捐赠者和勒普克的同意，用在瑞士募集到的资金来资助我提议的会议。当我成功地从一位钟爱《通往奴役之路》的美国人那里获得一些额外资金后，我把这次会议安排在 1947 年春天就变得大为可能了，我负责决定会议的成员和议程，而所有的组织工作则交由胡诺尔德博士完成。为期十天的会议在日内瓦湖畔沃韦的朝圣山举行，来自美国、英国和欧陆国家的大约 36 名学者与时事记者参加了会议，会议非常成功，因此我们就决议将其变成永久性的学会，其名称就取自第一次会议的地点。

随后的 12 年里——其间我担任了该学会的主席，其成员在这段时间迅速增加——我在胡诺尔德博士的帮助下，得以每年在不同的地方组织会议，因此结识了许多朋友，也收获了许多新的想法。所有的组织工作都依赖胡诺尔德博士，但他逐渐增长的世俗层面的野心使得合作最终变得不可能了，我意识到有必要坚持让我们俩都辞职，以便为新的领导腾出空间来。年轻的成员非常积极主动，在一两年的关键期过后，学会恢复了日常活动，而且在近 25 年后仍在蓬勃发展——尽管在 1971 年，经过了那个其理想在世界范围内显得过分超前的时期后，它又面临着集体主义新潮流的威胁。

我经常羡慕将知识掌握得烂熟于心的人，他们以一种有序且易于复制的方式储存着知识，不仅能在任何时候重述他们学过或者自己琢磨出来的推理链条，而且能用他们刚刚熟悉的语汇来完成重述。他们是能提供现成答案的人，是好的教师，我相信也是好的作家：后者要求一个人从整体上俯瞰自己的学科，并能够不断意识到他此时此刻在推理的大框架中处于什么位置。

但我不确定，这种凭记忆力能随时调用自己知识的人，是否可能像那些头脑在既定习惯之下无法轻易游移的人一样做出原创性的贡献。不管怎么说，我确信我把自己拥有的大部分原创思想都归于这样一个事实：我对众所周知的问题没有既成的答
118 案，每次必须相当痛苦地重新去思考解决这些问题，而且在这个过程中我经常能发现普遍观点的缺陷或不足。

在将我自己的能力和工作方法与同事及朋友作比较后，我越来越意识到存在着两种非常不同的心理类型，我则算是其中一种非常明显的代表。它们的主要区别在于精确记忆或易重现

的论证链在一个人智力构成中发挥的作用。我从记忆中重现我读过或听过片段的能力确实非常弱。即便年轻时,我虽然有相当不错的短期记忆,而且我所关注的论证或听到的故事会给我的思维带来持久的影响,但我很少能够重述它们。就好像它们突然成了一张合成照片的一部分,贡献了我对世界的观念,却无法成为那种我能够再次使用的对于世界的解释。

我拥有的原创思想,实际上并不来自一个有序的推理过程。我一直认为自己是对所有思维都发生在文字或总体来说发生在语言中这一论点的活生生的反驳。我能够肯定,自己经常意识到对一个问题拥有了答案——在我能够以文字表达出来之前,我就已经“看到”它了。事实上,这种视觉想象力,这种象征性的抽象模式,而不是一种重现性质的图像,可能在我的心理过程中发挥了比文字更大的作用。我相信,强烈的视觉记忆与言语式记忆的缺乏通常是相连的。

我一直被合成照片(即几张不同面孔的照片相互叠加产生的效果)的观念所吸引,这种东西在我的时代之前就流行过,但我从未见过。它似乎代表了我思维的一个特点——我无法记住单个论证,却能将它的一部分吸纳到我已经知道的东西中。我要费很大的力气才能将一个论证挪用过来以便我能重现它,也许在我一无所知的主题上这么做会最容易,但对我已经思考过的问题,这样做几乎完全不可能。不过,即使在学习一个新主题时,通读完第一本教科书的影响也是相当模糊且不清楚的。我从前不喜欢把同一本教科书读很多遍,而是会读同一问题的另外一本。渐渐地,事情就会回归正常,当我通过自己思维的辛劳所得,获得对于相关问题的答案时,我不会对头脑中已经准备好
119 的东西有一个清晰的概观,也无法对一个主题给出两次相同的阐述。

大约在我刚搬到剑桥的时候,特别是在国王学院高桌上的宾朋相伴下,我常常因为跟不上英语对话而变得沮丧。直到战后我再次到讲德语的国家时,我才发现不是我对英语的理解力退步了,而是我的听力在严重退化。我的左耳早已失聪(我以为是战争中炮弹爆炸造成的,但医生说这是童年时感染的后果),但直到四十岁时,我另一只耳朵的听力还是很灵敏,足以弥补这一缺陷。此后,这种情况越来越严重地剥夺了我享受社交以及看戏的机会,而看戏一度是我的常规娱乐之一。虽然后来的情况没有变得像我曾经担心的那样糟糕,但它在很大程度上是我看起来比实际更不合群的原因。

也就是在剑桥的那几年,我可以完全沉浸在收集经济学旧书的爱好中。我在维也纳就开始这样做了,起初是和我当时计划要写的关于货币理论与货币政策历史的书有关,我在 1939 年把那本特别的藏书卖给了巴塞尔的国际清算银行,以便为当时要买下的一处房产筹措首付款。到牛津、剑桥和爱丁堡以及首

都外一些地方的旅行让我在 20 世纪 30 年代有大量的机会去购买那些 19 世纪还有 18 世纪的作品；虽然不可能比得上早几代的伟大收藏家，但我相信我最终建立起来的收藏（在 1969 年出售给萨尔茨堡大学）不输我这一代的同僚。我一直在按照目录不断购买累积，直到战后书目来源几乎枯竭（或者是书变得极其昂贵）。有一次，我从年纪稍长我的、维也纳时期的同事埃瓦尔德·沙姆斯的遗孀那里购买了一套很好的法国 18 世纪经济文献，成功平衡了最初英语收藏占大头的情况。

除了登山和滑雪等运动，以及早年在奥地利时培养的对家庭历史的兴趣，我不幸没有发展出其他爱好，现在到了晚年，我非常后悔。

提问者 6：对你来说，登山是不是超越了单纯的兴趣呢？

哈耶克：也许是为了能进一步理解 19 世纪英国的知识氛围吧。我们可以说智识性工作和登山运动是一种很好的结合，正如莱斯利·斯蒂芬关于登山的书所示。就我而言，登山与植物学是有关联的。我对英 120
国登山方面的文献有所了解，这有助于我融入英国的氛围。

提问者 6：登山运动是不是成了你与经济学家庇

古的一种联系？

哈耶克：战争期间我们都在剑桥。他教授初级经济学的课程，而我则负责教高级课程。但是，当我看到理查德·迪肯(Richard Deacon，这是个笔名)的某本书时，我才想到为什么庇古会突然对我感兴趣。迪肯表示，庇古对在战时越过战争前线的人感兴趣。而我已经忘记了这件事：1939年我想访问奥地利，但又不想被怀疑从德国人那里得到了什么特权。其实我当时是要去看现在的妻子。此后不久，庇古对我产生了兴趣。这种突然对我产生兴趣，然后在邀请我去湖区和他一起爬山之后又突然对我置之不理的反差，很像迪肯书中的故事。但最晚到1939年7、8月间，我就去了奥地利，尽管战争随时都可能爆发，但我认定自己冒得起这个风险。我对那些山脉非常熟悉，能够走出去。

提问者6：你的计划是翻越卡林西亚的山脉？

哈耶克：我对那一块非常熟悉，比对福拉尔贝格和瑞士的边界还要熟悉。西边的山，也就是瑞士那里，是后来形成的冰川山脉，那里要自己走可能有点困难。我在那个地区有很多朋友。

虽然我变成了别人眼中的纯粹学者，而且现在不想要过其他形式的生活，但这并不是我所期待的，也不是我认为最适合我的。很大程度上，是生活在异国他乡的外部环境——大部分时候作为一个外国人，要比大多数同伴对日常生活更陌生一点——使我被隔绝在了实际参与公共生活之外，甚至作为一个学者，这种情况也使我的科研从更具体且更具经验性转向了更为抽象的方面，在那里我才能够期望比同侪有些优势。如果我一直留在我的祖国，甚或在完全被同化后继续留在英国（这主要是由于在英国经历了战争，我的同情都献给了英国），那么我肯定会被卷入公共性或政治性的活动，或者是行政工作之中。对后者我并不真正关心，尽管我觉得自己不擅长这些，这也不完 121
全是对的。有必要时，我相信我至少可以胜任我的职责。

我常常敏锐地意识到——我觉得我比大多数人都更清楚这一点——我的思想完全是指向未来的。我似乎很早就失去了安静享受当下的能力。对我来说，生活的乐趣在于为未来规划——满足感主要在于完成了计划要做的事，而羞愧感也主要来源于我没有执行我的计划。我没有太多的雄心壮志，也不会高估自己的能力，我通常能成功，而且生命中的大部分时间里都相当满足，至少在我有明确的任务要完成的时候。

提问者5： 你写了一本心理学方面的书，我记得那本书［《感觉的秩序》］。

哈耶克：我仍然认为这是我所做的重要的知识贡献之一。而且奇怪的是，心理学家现在又把它翻出来了。

提问者5：是的，我去年还是什么时候看到有人引用它。

哈耶克：问世到现在已经有25年了，而它里面的观点也差不多有50多年的历史了。

提问者5：你能不能概括一下这本书的观念？

哈耶克：我认为，关于这本书，真正重要而且在我最初构思这个想法时做不到的事情，是提出我要试图回答的问题，而不是给出我想要的答案。而这个问题就是：是什么决定了不同感官品质之间的差异？我试图把它简化为一个因果联系的系统，或者按你的说法叫关联的系统，在这个系统中，一个特定感觉的品质——比如蓝色的属性，或者别的什么——实际上是它在一个引发行动的潜在关联系统中的位置。

从理论上讲，你可以重现一幅地图：一个刺激如何唤起其他刺激，接着导向进一步的刺激，这在原则上可以重现所有的心理过程。我说“原则上”是因为这种重现太过复杂因而无法做到。这也顺带导致我区分了对原则的解释和对细节的解释——我知道现在这叫作模式预测(pattern prediction)——我在心理学作品中发展出了这点,而后又在经济学中将其加以应用。

提问者5:是的,我认为模式预测是一个非常重要的概念,不过大多数经济学家还是没有能够把握它。

哈耶克:这是如下理论的全部问题,这个理论认
为,在我们没有能力做精准预测的地方,我们能在多大 122
程度上解释复杂的现象。我们不知道任何规律,而我
们的全部知识可以说本质上是对模式的知识。

提问者6:你是不是哪次提过薛定谔与《感觉的秩序》的联系?

哈耶克:我很惊讶,他似乎已经完全理解了《感觉的秩序》。当然,他那时在研究这类问题。我认识薛定谔的时候,他还是个大学预科学生。他的父亲是一位业余植物学家,也是一位实业家,是我父亲圈子里的一个成员,会定期在我们家聚会。有时,年轻的薛定谔也会来;他大概比我大五六岁。不过他后来搬到伦敦了。

提问者6:我把你看成一个处在康德和康德主义运动的思想传统之下的人。米塞斯说过他是这个传统下的,他的语言也表明了他是,但你们两个人在认识论上有分歧。这就是令我困惑的地方。你们在观点上都

是康德主义者，你却称他为功利主义者。你是如何区别这两种传统的？

哈耶克：这又是一个复杂的故事。你知道约翰·格雷(John Gray)写的那本书关于我的书[《哈耶克论自由》(*Hayek on Liberty*)，1984]。他把我解读成康德主义者。首先我想说："你夸大了康德对我的影响。我从来没有仔细研究过康德。"事实是，在二十岁还是二十一岁这个关键的年龄，我非常着迷于一位名叫阿洛伊斯·里尔的当代康德主义者的作品，他写了一本不错的论批评的著作，还有两部半通俗的导论。我想我对康德哲学的了解很大程度上来自这位康德主义者。所以我一早就告诉格雷，我对康德的直接了解太少了，担不起这个名头，后来我也坦白说，其实我只对康德有比较多的间接了解。

提问者6：你觉得自己是不是一个功利主义者。

哈耶克：现在绝对不是。首先，我认为是米塞斯让我开始对功利主义有所了解的，在早期阶段，我对它们研究得不少。事实上，我在大学学院研究杰里米·边沁(Jeremy Bentham)的论文时发现，边沁是一个非常出色的经济学家，他在货币理论方面完成了重要的
123 工作。

当时,我已经开始了一项非常紧迫的工作,忙于整理边沁杂乱不堪的论文。第一个边沁委员会由我在大学学院发起,但当它于战争期间解散时,这项工作就搁置了。直到离开伦敦之后,我才又开始重新编辑。如果还在伦敦,大学学院肯定会邀请我再次加入并重启这项工作,但我那时候已经去了美国。所以我与那套优秀的边沁文集没有任何关系,我在日后开始怀疑,因为我意识到边沁受法国18世纪传统的影响要比受英格兰,或者应该说苏格兰的影响大得多。

提问者6: 你是指苏格兰的理性主义者。

哈耶克: 我阅读那些苏格兰思想家后发现,我思想的真正根源在于弗格森和这些人当中,他们的传统和边沁的传统之间存在着非常明显的冲突。我多年来对约翰·斯图尔特·密尔的研究实际上动摇了我对一个我曾认为是伟大人物的钦佩,结果是我现在对密尔的看法倒是非常批判的。

提问者6: 你能说说你关于演化论源自人文学科的看法吗?

哈耶克: 使演化论的观点在19世纪广为人知的模型来自威廉·琼斯爵士对印欧语言之间关联的发现。到那时,每个人都开始意识到社会的演化过程。

提问者6：我以前没有听说过这个例子。我知道语言学可以追溯到那个时代，但我没想到它与此有关。

哈耶克：有一些达尔文同时代的语言学家，他们说："哦，我们在达尔文之前就是达尔文主义者了。"我没看到有人给出实例来。但很明显，你可以对一个原始类型演变出的各种类型作出一个完整的解释。

提问者6：有没有人以巴别塔或《圣经》的权威性为由挑战过琼斯？

哈耶克：我认为神学家们并不关心。并没有出现
124 像神学界反对达尔文那样的情形。

哈耶克：我正在成为一个柏克式的辉格党人。

提问者6：这是种很不错的组合。

哈耶克：我只是假设——我认为埃德蒙·柏克(Edmund Burke)基本上是个辉格党人；亚当·斯密也是。奇怪的是，玛格丽特·撒切尔(Margaret Thatcher)也是——我确定我没告诉过她。最后一次见到她时，她用了这样一句话："我知道你想让我成为辉格党人；不，我是保守党人！"她已经非常清楚地感受到我的意思了。

提问者2：你写了一本关于资本理论的特别难懂

的作品[《纯粹资本理论》,1948]——在我看来,它很晦涩。你在书中想传达什么信息?

哈耶克:简而言之,我认为虽然庞巴维克从根本上说是正确的,但他对平均生产周期的阐释过于简化了,以至于在应用上产生了误导。如果我们想彻底弄清庞巴维克的想法,就必须引入更复杂的假设。一旦这样做了,事情就会变得过度复杂,几乎不可能继续下去。

提问者2:当你接受这项工作时,是否知道它将会如此复杂?

哈耶克:不,不。我当然不知道。我慢慢才意识到这一点,一旦你不能把事情用简单的形式呈现出来,即用一个简单的平均生产周期代替投资周期范围,那么整个事情就要朝着另一个方向改变了。平均生产周期是第一个能够呈现出经济原则的模型,但它几乎不适用于实际情况。当然,现有的资本从来不是在一套给定的预期基础上持续建立起来的,而是不断地将积累起来的实际资本性资产重新用到我们无法预见的新目标上。因此,动态过程看起来是非常不同的。

我认为从我做的研究所能得出的最有用的结论,恰好出现在路德维希·拉赫曼(Ludwig Lachmann)关于资本的作品中。恐怕就像我在经济学研究中尝试的许多东西一样，这部关于资本理论的作品更多地暴露了我们在做出有效解释上存在的障碍，而非提出了精确的解释。我所强调的所有这些——一般现象的复杂性、数据的未知性等——实际上更多地表现了我们潜
125 在知识的局限性，而不是我们能够做出具体预测的成就。

顺便说一句，这也是我的观点不受欢迎的另一个原因：一种科学方法的概念在这一时期开始盛行，它根据所有科学领域能够做出的具体预测来对其进行评价。现在有人指出，经济学所能做出的具体预测非常有限，最多可以达到我有时所称的那种模式预测，或者对原则的预测。这会让那些习惯于物理学或化学的简单特性的人感到非常失望，觉得它不是科学。那种观点之下的科学，其目的就是做出具体预测，而且最好是数学上可检验的预测。有人指出，当你将这一原则应用于复杂现象时，你是无法实现这一目标的。这对有些人来说就是在否定科学的可能性。当然，我的真正目的是指出，一旦我们从简单现象的科学转向复杂现象的科学时，科学的可能目标是要大大收缩的。人们讨厌我把物理学称为简单现象的科学，这在一定程度

上是一种误解,我这么说是因为物理学理论常以非常简单的方程结束。其应用的活跃现象可能是极其复杂的,但这是另外一回事。物理理论的模型确实非常简单。

概率又是另外一个领域了。但在社会科学的这个中间领域,必须要考虑的元素既没有少到你可以知道它们全部,也没有多到你可以用概率来代替新的信息。中间现象领域是一个很困难的领域。我们在生物学和社会科学中都会碰到这个领域。它们非常复杂。我认定,它们会是我们达到预测具体性的绝对障碍。除非人们知道他们无法实现这些目的,否则他们会坚持尝试。他们会认为,不相信这种具体性可以实现的人是守旧的,是不了解现代科学的。

提问者 2:约翰·希克斯写过关于你的文章,我想引用一下:"如果要写一份上佳的 20 世纪 30 年代经济分析史,这部戏剧真够得上是一场大戏,而其中的一个主角将会是哈耶克教授。曾几何时,哈耶克的新理论 126
叫板的是凯恩斯的新理论。"你认为为什么你的理论在当时会输给凯恩斯的理论?

哈耶克:这有两方面的原因。一个是,虽然凯恩斯在世时是有争议的,而且争议还很大,但在他死后,他被捧成圣人了。部分原因是凯恩斯本人非常愿意修正他的观点,他的学生形成了一种正统观念:你要么被接纳为正统观念,要么就完全不属于它。

大约在同一时间,我写了《通往奴役之路》,其结果是我在大多数经济学家同行中名誉扫地。这本书招致了很多批评。因此,不仅我的理论影响力下降了,大多数系所也开始讨厌我,以至于我到现在都还能感觉到这一点。经济学家在很大程度上将我看作局外人,一个因为写了《通往奴役之路》而名誉扫地的人,这本书现在已经完全成为一部政治科学作品了。

最近,人们对我的那些问题又开始恢复兴趣了,希克斯可能是最突出的表现。但有二十年的时间,我都很后悔在凯恩斯死后对我的妻子说过这样的话:现在凯恩斯已经去世了,我可能是活着的最有名的经济学家了。结果十天后这句话就失效了。那时候,凯恩斯成了伟大的人物,而我作为一个经济学家则逐渐被人们遗忘了。

另一部分原因是,你知道的,就是在那之后,我在经济学方面只做了一些零星的工作。我想还有一个原因,就是我从未对宏观经济学或计量经济学产生过共鸣。由于凯恩斯的影响,它们在那个时期成为显学。

就宏观经济学而言,这是很清楚的事实。凯恩斯本人并不十分看重计量经济学,反而对它评价很低。但他对总量、总和收入、总需求的强调,鼓励了宏观经济学和计量经济学的工作。因此,他成为数学计量经济学发展的精神之父,这在相当程度上背离了他自己的意愿。直到现在,我还一直对此表示质疑,这自然使我在这一代主流的经济学家中不受欢迎了。我被看作是老 127
派守旧的,对现代观念无法共鸣。

提问者 6: 你是否认为芝加哥学派受到了你在芝加哥所起作用的影响?

哈耶克: 我对西蒙斯抱有很大的期望,他的死的确是一场灾难。其他人在方法论上立场一致;他们实际上算是宏观经济学家而不是微观经济学家。乔治·斯蒂格勒(George Stigler)一点算不上;弗里德曼则还可以。而这对我来说一直是个问题。米尔顿和我在除了货币政策以外的所有东西上都能达成一致。在这个意义上,那些旧的团体,他们看到这种伦理来自韦斯理·克莱尔·米切尔创建并由阿图尔·伯恩斯(Arthur Burns)——我的另一位朋友,我与他在经济学上意见不一致——领导的国家经济研究所(国家经济研究局），他们实际上是方法论上的逻辑实证主义者。他们认为经济现象可以作为宏观现象得到解释，你可以从总量和平均数中弄清原因和效果。不过，尽管在某种意义上这似乎是真的，但其中并没有必然的联系。事实上，我更倾向于基于历史去说明，每一个通胀期都会以崩溃告终。但从历史出发论证并不能证明就一定会这样。它发生的原因不能以宏观经济分析去解释。

现在来看，米尔顿·弗里德曼就那样吧。斯蒂格勒，如果你和他讨论一下的话，他就会看出问题的。还有一个是芝加哥学派中最有天赋的人之一，加里·贝克尔（Gary Becker），他在理论方面也算一个深邃的思想家。不过弗里德曼拥有很强的论述能力。在很多事情上，一般而言是在市场问题上，他是非常明智的。我希望他站在我这边。有件事我经常公开说，我最遗憾的事情之一是没有回到对凯恩斯《货币论》的批评上，也同样遗憾于没有对米尔顿的《实证经济学论文》（*Essays in Positive Economics*）作出批评，这本书在某方面看是相当危险的一本书。

提问者2：从你写下贸易周期理论以来，经济事件是加强了还是削弱了你对奥地利学派贸易周期理论的观点？

哈耶克：总体来说是加强了，虽然我更清楚地看到，那时有的是一个总体的概要，必须要将其细节补足。我给它的具体形式与金本位制有关，金本位允许信贷扩张到一定程度，然后使某种逆转成为可能。我 128
一直都明白，通过迅速拉高通货膨胀来刺激扩张的周期在原则上没有明确的时限。但我只是想当然地认为，在金本位制的形式下，有一个内置的终止机制。在这一点上，我对战后发展的诊断出了点错误。我知道经济繁荣会崩溃，但我所估计的时间比实际持续的时间短。通货膨胀下的繁荣能够维持二十年之久，这是我没有预料到的。

一方面，在战后，我不像大多数朋友那样相信即将到来的大萧条。我预料会出现通货膨胀下的繁荣。我的预期是，通货膨胀下的繁荣将像历史上发生过的那样持续五到六年，但我忘了那时候，其终止是由于金本位的缘故。如果没有了金本位制，如果可以将通货膨胀延长更长时间，我们就很难预测它将持续多久。它持续的时间自然比我预期的要长得多。只是最终的结果是一样的。

提问者2：奥地利学派的周期理论在很大程度上

依赖商业预期是错误的这个说法。现在,你觉得经济学家有什么依据来断言对未来的预期会是错误的?

哈耶克:我认为,通常认定的事实是,繁荣总是随着投资的大量增加而出现,这里面有相当的部分已经被证明是错误的。当然,这一点能印证如下观点,即表面上资本的供应实际上并不存在。大规模的刺激投资伴随资本严重匮乏的时期,这样的组合也符合如下观点,即在货币的影响下出现了一种误导的状况,我仍然认为这一总体的图景是正确的。

但还是可以做出很多修正,特别是在多余资金的流向方面。你看,这是我的思考过分基于战前条件下事实的另一个点,那时候差不多所有的信贷扩张都变成私人投资,进入了工业资本的组合。从那时起,如此多的信贷扩张已经流向了政府指示的地方,以至于误导可能不再只是对工业资本的过度投资,而是可能采取任何形式。你必须真正依照每个特定的阶段和情况去对此进行研究。我相信,典型的贸易周期已经不存
129 在了。但会有各种变化后的非常类似的现象。

提问者 2:就你卷入有关社会主义之下的计算的辩论,你已经谈了一些。你觉得这场辩论对社会主义理论产生了什么影响?

哈耶克: 确实有一些直接的影响。当米塞斯发起辩论的时候,仍然有一种非常普遍的想法,即价值方面的计算根本没必要。后来又有了以数学计算来替代价值的观点;然后又出现了社会主义竞争可能性的想法。这些都逐渐被压下去了。但我现在认识到,米塞斯之所以没有完全成功,原因在于他对"计算"(calculation)一词的使用。人们就是不明白为什么计算是必要的。

我的意思是,我现在看到当时的讨论,以及米塞斯断言说计算是不可能的,就可以理解这种回应:我们为什么要计算?我们有技术数据。我们知道自己想要什么。那到底为什么还要计算呢?如果米塞斯不是简单地说计算在没有市场时是不可能的,而是声称没有市场,人们就不知道要生产什么、生产多少以及以何种方式生产,那么人们可能会理解他。但他从未这样说过。他认为每个人都会理解他,但显然不是这样的。

提问者 2: 你认为这场辩论在多大程度上减缓了国家的经济计划在西方世界的扩散?

哈耶克: 嗯,它又在复苏了。它曾经已经非常微弱了,但两年前[1976 年]在美国,汉弗莱(Humphrey)参议员的计划法案、列昂季耶夫(Leontief)的鼓动,以及这些人的站台,让我感到惊讶,人们又开始对我觉得已经完全被驳倒的东西买账了。当然,列昂季耶夫还坚信它。我认为他根本不懂任何经济学,不过这是另一回事了。

提问者 2:你认为一般均衡分析在多大程度上使人们相信国家经济计划是可能的?

哈耶克:它当然有帮助。但程度很难说。我从来没怀疑过均衡分析对解释我们所观察的事件的重要性。我认为它是个很有用的概念,可以用来解释一种
130 秩序,经济学的发展想要达成这一点但从未达到过。我现在试图把一些经济学概念表述为一条溪流,而非一种均衡的力量,我们真的应该去考虑在一段非常不规则的河床中决定水流的那些因素。这将使我们更了解它的作用。

但最终,当然又要回到经济学家恳切地称之为"已知数据"的假设上,这个荒谬的概念在于,如果假设你知道所有的事实,那么从这个假设中得出的结论可以直接适用于全世界。我对这个问题的思考始于我的老朋友弗雷迪·贝纳姆的玩笑,他说经济学家说给定数据只是为了说服自己安心,已知的东西确实是已知的。这在某种程度上让我去追问,这些数据到底对

谁是已知的。对我们来说,它当然对谁都不是「已知的]。经济学家假设[数据]对他而言是已知的,但这只是一种虚构。事实上,没有人知道所有的数据或整个过程,这在30年代让我产生了如下想法,即全部问题在于如何利用分散在成千上万人中而非由任何人占有的信息。一旦你这样看,那么很明显均衡的概念对你的计划就没有任何帮助,因为只有当你知道大家知道的全部事实时,你才能制订计划;但由于你不可能知道全部事实,所以整个事情就是徒劳的,这是一种由有限数据对任何人都是已知的这种概念所激发出来的误解。

提问者2: 你觉得数学在经济理论中有重要作用吗?

哈耶克: 有的,但主要是代数学而不是定量数学。代数学和数学是描述某些模式的很好的方式,可以不考虑量级的问题。有位伟大的数学家曾经说“数学的本质是模式的生成”,但数理经济学家通常对数学了解甚少,以至于他们认为有效的数学肯定是定量的和数字的。当你转而接受这种信念时,事情就很有误导性了——至少在涉及一般理论方面是有误导性的。我不否认统计学在提供有关当前事态的信息方面非常有

用，但我不认为统计信息会在针对过程的理论解释上
131 有任何贡献。

提问者 2：你怎么评价博弈论？

哈耶克：我不想对我的老朋友，已故的奥斯卡·摩根斯特恩不敬，虽然我认为他的书算得上一项伟大的数学成就，但涉及经济学的第一章却是错误的。我不认为博弈论对经济学真的有重要的贡献，不过它是一门非常有趣的数学类学科。

提问者 7：你在多大程度上希望看到过去三十年的发展被逆转呢？从现在的起点出发，你设想会发展出一个什么样的社会呢？

哈耶克：我的目标仍然是完全消除所有对市场的直接干预——所有的政府服务都要明确地在市场之外进行，包括为无法在市场上获得足够收入的人提供最低限度的供应品。[它不应该]试图去控制市场进程，而仅仅是在市场之外为每个人提供一个稳定的最低标准。有意的再分配，要是超出了确保为不能在市场中赚得比最低收入高的人提供一份持续的最低收入，那么这实际上就意味着完全抹杀了它的社会正义属性。福利国家的一切其他服务更多的是一个程度问题，取

决于它们是如何组织的。我并不反对政府提供相当多的服务;但我反对政府在任何情况下占据垄断地位。当唯独政府能提供这些服务时……嗯,好吧,但应该开放机会给其他人尝试去做。

提问者7: 这样的话,假如私人生产没有被排除在外时,你是不反对政府提供服务的?

哈耶克: 是的。当然这里有一个很大的困难。如果政府这样做了——以低于成本的价格提供服务——那私人竞争就没有机会进入了。我想要强迫政府,让它在出售服务时,必须依照成本来进行。

提问者7: 说到政府参与为需求提供资金上。你说你允许政府提供一个最低收入、一个底线;你是不是也同时在考虑一些特定的政府职能,比如说医疗保健,还是说你所考虑的只一份收入底线?

哈耶克: 只是在收入方面。从我对英国国民健康服务的观察来看,我的疑虑反而是增加的。毋庸置疑,
在短期内,它为那些得不到服务的人提供了服务,但它 132
阻碍了医疗服务的发展。医疗和其他方面一样,竞争是进步的基本条件,我对此深信不疑。特别糟糕的一点是,虽然大多数英国人不喜欢它,但每个人都同意它永远不可能被逆转。

提问者7：但关键的一点是，是否存在竞争，而不是政府是否参与这类活动。

哈耶克：没错。你知道我现在甚至已经把这点扩展到货币的问题上。

提问者7：是的。我正想提出来呢。你最近又回到早年对货币理论的兴趣上来了。让我先问一下，为什么你最近又开始关注货币问题。这是你在20世纪30年代某个时期的兴趣所在。

哈耶克：这是我和差不多所有朋友之间的分歧，他们赞成浮动汇率，而我则支持固定汇率，这点必须从知识层面说明一下。我之所以倒向支持固定汇率的结论，并不是因为我相信它必然是一种更好的制度，而是因为它是仅存的对政府的约束。如果你把政府从这个约束中解放出来，民主程序——我一直在分析不同条件下的民主程序——势必会使它陷入通货膨胀。我对固定汇率的辩护在某种程度上是有限的。我也会反对在人们想要以浮动汇率使通胀更容易发生的地方放弃它。

当问题出现在德国和瑞士时，当它变成要防止输入性通胀的问题时，我自己会支持[浮动汇率]。事实上，我在德国提出，德国保持固定汇率的时间太长了，因此被逼得要进行通货膨胀,他们本来不用这样做的。德国联邦银行的人向我证实,他们意识到了这一点,但他们仍然希望,固定汇率制度能够抑制[发生在美国的]通货膨胀,使其不至于造成更大的通胀,而且他们还有意做出牺牲,吸纳部分通货膨胀,以防止通胀在世界其他地方变得太严重。

这差不多就是我的观点了。但这也让我考虑,这
样做是不是对货币政策最好的限制,并让我认识到我
所想当然认为的——金本位的约束是唯一在政治上可
行的对政府的约束——永远不可能恢复了。即使是名 133
义上恢复金本位制也没用,因为现在的政府永远不可
能遵守金本位的规则。

这两件事使我[得出结论]——我最初是以冷笑话的方式提出建议的——只要政府奉行现行政策,那么除了将货币控制权从他们手中夺走外就别无选择了。但这让我陷入了那个迷人的问题:如果以竞争的方式供应货币会发生什么?这开启了货币理论的一个全新的篇章,我发现还有这么多需要研究的东西,于是就对原来的主题不再感兴趣了。关于货币非国有化的两版小册子是在我写作重要书籍时顺带完成的,我仍然希望写一本系统性的著作,书名定为《好的货

币》(*Good Money*)。以讨论什么是好的货币为开始——我们真正想用货币去实现什么——然后继续讨论以下问题,竞争性的货币发行在多大程度上能以这个标准去提供好的货币。

提问者7:你是否同意,在这个方向上,最重要的一步不在于谁发行货币,而在于要区分私营部门订立契约时所谓的记账单位与政府发行的用来实际确保法币供应的货币?

哈耶克:在某种程度上的确是如此。我开始反对欧洲统一货币的想法时,提出为什么不干脆接纳所有与你竞争的其他货币呢,这样一来你就不需要一个标准货币了。人们会选择最好的那种货币。当然,这使我延伸到:为什么要限制其他政府货币,而不是让私人企业供应货币呢?

提问者7:但有一个问题能延伸到你作品的其他方面,也与《法律、立法与自由》有联系。我想在这提一下,这个问题困扰着我,也困扰着其他一些人。西方国家先是放弃了金本位制,随后也抛弃了你所说的固定汇率约束——我同意这的确是一个约束:这难道不是一个演化的过程吗?而你的这些建议难道不是实际上在理性地试图重构并否定一个演化的过程吗?

哈耶克：不，这是一个在政府权力限制下的演化过程。即便在控制的范围内仍有一个演化的过程，但 134 太多的选择已经被政府权力排除在外了，所以算不上一个真正能尝试所有可能性的过程，而是一个被现有法律限制在极少数可能性之中的过程。

提问者 7：但你提到了民主政府发展为全能政府的问题。当然，趋势是的确朝着这个方向进展的。这难道不是一个社会演化的进程吗？

哈耶克：这又是赋予政府无限权力的一个必然结果，这样做排除了其他形式的试验。一个人刻意的决定就让我们走上了一条单行道，而其他可供选择的演进遭到了排斥。当然，从某种意义上说，所有垄断性的政府都限制了演化的可能性。我认为，如果它把自己限制在执行一般的行为规则上，那它对演化的限制就会降到最小。但我还想进一步说，即使是非常好的世界性政府也可能是一种灾难，因为它排除了尝试其他方法的可能性。我完全反对一个世界性政府。

提问者 7：任何形式的吗？

哈耶克：对的，任何形式。

提问者 7：那么，对于演化的哪些错误可以通过理性干预来修正的问题，你会回答说："嗯，在某些演化的进程中，实际发展所采取的路线是决定于……”

哈耶克：以强力来排斥他人。

提问者7：是的，是不是只有在这类情况下你才会想以社会结构的自发改变去干预？

哈耶克：这要看你说的干预是什么意思。只有在这类情况下，我才会接纳干预，这种干预意味着以替代方案进行试验并且不排除正在发生的事。我认为甚至可以出现这样一种情况，即政府作为一个竞争者加入。我反对的是，政府想当然地觉得自己具有垄断地位，有权排除其他的可能性。

提问者7：在某些部门中，比方说，在我们对私营企业的产出不满意的那些地方，你会……

135 **哈耶克：**让政府尝试与私营企业竞争。

提问者6：是什么促使你又回到《感觉的秩序》所提出的心理学观点上的？

哈耶克：写完《通往奴役之路》之后，我对自己在专业上有了很深的怀疑，我无意再挑衅了。我想被科学界同仁接受，去从事一些与我的经济学观点无关的纯粹科学研究。我想我可以在一个夏天里将其完成，并把它转写成一篇像样的英文论文。但我最后花了三年多的时间。

提问者 6：但是，《感觉的秩序》并没有真的独立于你的经济观点，它结合了这些观点。

哈耶克：的确。我是在回顾中而不是在做研究的时候才看到这一点的。我必须得说，我从 1920 年的第一阶段包括稍晚的 40 年代的经历中获得洞见——现在在这里没办法具体展开——可能是我所经历的最激动人心的事件了，这些事件塑造了我的思维。但这是双向的。我在经济学方面所做的工作有助于我完成生物学的研究工作，反过来也是一样的。

哈耶克：你让我想到了过去。我有些犹疑，因为这听起来有点像自我表扬，但其实不是，这算是自我发现吧。从某种意义上说，我是无所畏惧的，我指的是身体层面。这不是勇气，只是我从来没有真正害怕过。我在战争中意识到了这一点。这在年轻人中很常见，他们如此无畏，以至于置自己于危险之中，但我从来没有真正害怕过死亡，这与某种稳定性有关吧。那种在高处遇到的眩晕也在我身上发生过。

提问者 6：那你一定是无所畏惧地在大战中以炮兵观测员的身份去完成那些空中侦察的吧。

哈耶克：某种意义上说是兴奋；与害怕无关。有一次，意大利人实际上已经追上了我们。一个在前面，打穿了螺旋桨。当他们开始射击时，我的飞行员，一个捷克人，开始螺旋下降。我解开安全带，爬到栏杆上。飞行员成功地在快要落地时纠正了旋转。这让人兴奋。

提问者 6：我一定会被吓坏的。

哈耶克：你也许会以不同方式讲述出来吧。但我就是缺了根神经。我觉得这是我从母亲那里继承来的
136 东西。她就是这样的人。

提问者 6：还有你跟我说过的那位坚强的姑姑。我可以谈谈另一个重点吗？你在自己的一本书中写过"门格尔问题"，解释了那些没有目的的制度的出现。我想知道是否有什么东西可以被称为"哈耶克问题"？某些一直以来延续下来或发展下来的问题。

哈耶克：复杂秩序的形成，还有承认的问题吧。

提问者 6：这对你来说是什么时候开始成为问题的？

哈耶克：很难说我是从什么时候开始关注的。当我在研究科学方法时，我惊异于复杂性和程度问题，而要将同样的原则加以应用并不难。我认为，决定性的

时刻是——你可能能够追溯到——我产生“对原则做出解释”的想法时。

提问者6：这一点出现在《感觉的秩序》以及你的文章《解释的程度》里，这篇文章是你为《英国科学哲学杂志》[1955]所写的。你的作品中有一个奇妙的融合，即许多不同的丝丝缕缕的线索汇聚在一起。在20世纪20年代初是否有一个你能够确定的主要问题？

哈耶克：我早年所考虑的是一个纯粹的实际问题，就是想找到自己的路，但没有完全意识到我需要一个理论才能做到这一点。我在寻找一种理论，却还不知道什么是真正的理论。

提问者3：奥地利学派的伟大伙伴、已故的约瑟夫·熊彼特在1942年写了《资本主义、社会主义与民主》(*Capitalism, Socialism and Democracy*)。在那本书中，熊彼特预言了资本主义崩溃的原因不在于它的弱点(马克思所预言的那些)，而在于它的优势。具体而言，从资本主义的种子里生发出的经济上的极大富足将催生出一个官僚和行政人员的时代，而成就了这一切的创新者和企业家会被取代。这反过来又会破坏资本主义赖以存在的社会结构，即对私有财产广泛的接受和尊重。熊彼特关于资本主义固有的政治不稳定的论文能够与你关于通往奴役之路的理论相呼应吗?

哈耶克: 就预言的本质上来说,有些相似之处。但熊彼特实际上是在从一个悖论中获得乐趣。他想要语出惊人地说,资本主义当然要好得多,但它不会维持
137
下去,而社会主义尽管是非常糟糕的,但它必然会到来。这就是他喜欢的那种悖论。

这个悖论之下的观念是,他认为某些舆论趋势——他正确地观察到了——是不可逆转的。虽然他坚持相反的主张,但在最后关头他其实不相信论证的力量。他想当然地认为是事情的态势迫使人们以一种特定的方式进行思考。

这在根本上是错误的。是什么让人们在特定条件下相信某些事情,对此不存在一种简单的理解。思想的演变有其自身的规律,而且在很大程度上取决于我们无法预测的发展。我的意思是,我虽然试图使舆论朝着某个方向发展,但我无法预测它到底会往哪个方向发展。我只是希望我能使它适度地转向。但熊彼特的态度则是对理性的力量感到完全的绝望和幻灭。

提问者3: 你对自由的未来持乐观态度吗?

哈耶克: 是的。但那是一种有条件的乐观主义。

我认为一种思想上的回归就要到来，而且它有很大的机会在反向运动变得不可逆转之前就到来。我比二十年前更加乐观，当时几乎所有舆论领袖都想要转向社会主义。这点已经在年轻一代中发生了变化。所以，如果变化来得及时，还是有希望的。 138

本书提及的出版物

Boring, Edwin G. Review of *The Sensory Order* in *Scientific Monthly* (March 1953).

Carnap, Rudolf. Letter to Karl Popper. In the Popper – Hayek correspondence in the archive of the Hoover Institution, Stanford, California. (First referred to by Hayek in the preface to the 1976 edition of *The Road to Serfdom*.)

Catchings, Waddill, and William Trufant Foster. *Money*. Boston and New York: Houghton Mifflin, 1923.

Friedman, Milton. *Essays in Positive Economics*. Chicago and London: Univ. of Chicago Press, 1953.

Galbraith, John Kenneth. *A Life in Our Times*. Boston: Houghton Mifflin, 1981.

Hayek, F. A., ed. *Collectivist Economic Planning*. London: George Routledge & Sons, 1935. Hayek's contribution reprinted as chapters 7 and 8 in *Individualism and Economic Order*.

——. *The Constitution of Liberty*. London: Routledge & Kegan Paul; Chicago: Univ. of Chicago Press, 1960.

——. *The Counter-Revolution of Science*. Glencoe, Ill.: Free Press, 1952.

——. *Geldtheorie und Konjunkturtheorie*. Vienna and Leipzig: Hölder-Pichler-Temsky, 1929. Translated by Nicholas Kaldor and H. M. Croome as *Monetary Theory and the Trade Cycle*. London: Jonathan Cape, 1933, and New York: Harcourt, Brace, 1933.

——. *Individualism and Economic Order*. London: Routledge & Kegan Paul; Chicago: Univ. of Chicago Press, 1948.

——. *John Stuart Mill and Harriet Taylor*. London: Routledge & Kegan Paul; Chicago: Univ. of Chicago Press, 1951.

——. *Law, Legislation and Liberty*. 3 vols. London: Routledge & Kegan Paul; Chicago: Univ. of Chicago Press, 1973—1979.

——. Letters to Karl Popper. In the archive of the Hoover Institution, Stanford, California, 1952, 1960.

——. *Prices and Production*. London: Routledge, 1931.

——. *The Pure Theory of Capital*. London: Routledge & Kegan Paul; Chicago: Univ. of Chicago Press, 1941.

——. *The Road to Serfdom*. London: Routledge and Sons; Chicago:

Univ. of Chicago Press, 1944.

——. *The Sensory Order*. Chicago: Univ. of Chicago Press, 1952.

——. *Studies in Philosophy, Politics, and Economics*. Chicago: Univ. of Chicago Press, 1967. Includes “Degrees of Explanation,”
139 “Rules, Perception and Intelligibility,” and “The Theory of Complex Phenomena.”

——. “Das amerikanische Bankwesen seit der Reform von 1914.” *Der Österreichische Volkswirt* (Vienna) 17, nos. 29—32 (April 18 & 25, 1925; May 9 & 16, 1925).

——. “Degrees of Explanation.” *British Journal for the Philosophy of Science* (Edinburgh and London) 6, no. 23 (November 1955): 209—225.

——. “Economics and Knowledge.” *Economica* (London), n.s. 4, no. 13 (February 1937): 33—54. Essay also published in *Individualism and Economic Order*.

——. “Gibtes einen Widersinn des Sparens?” *Zeitschrift für Nationalökonomie* (Vienna) 1, no. 3 (November 15, 1929): 387—429. Translated by Nicholas Kaldor and Georg Tugendhat as “The Paradox of Saving.” *Economica* (London) 11, no. 32 (May 1931): 125—169.

——. “Das intertemporale Gleichgewichtssystem der Preise und die

Bewegungen des 'Geldwertes.'" *Weltwirtschaftliches Archiv* (Jena) 28, no. 1 (July 1928): 33—76.

——. "The Sensory Order After 25 Years." In vol. 2 of *Cognition and the Symbolic Processes*, ed. Walter B. Weimer and David S. Palermo, 287—293. Hillsdale, N. J.: Lawrence Erlbaum, 1982.

——. "Die Währungspolitik der Vereinigten Staaten seit der Überwindung der Krise von 1920." *Zeitschrift für Volkswirtschaft und Sozialpolitik*, N.F. 5 (1925), in two parts, sections 1—3, pp. 25—63, and sections 4—6, pp. 254—317. Section 6 is translated and reprinted in *Money, Capital and Fluctuations: Early Essays*, ed. Roy McCloughry. London: Routledge & Kegan Paul, 1984.

Hicks, John. *Value and Capital*. Oxford: Clarendon Press, 1939.

Keynes, John Maynard. *The Economic Consequences of Mr. Churchill* [1925]. Vol. 9 of *The Collected Writings of John Maynard Keynes*. London: Macmillan, 1971.

——. *The Economic Consequences of the Peace* [1919]. Vol. 2 of *The Collected Writings*. 1971.

——. *The General Theory of Employment, Interest, and Money* [1936]. Vol. 7 of *The Collected Writings*. 1973.

——. Letter to Hayek about *The Road to Serfdom* [June 28,

1944]. In Vol. 27 of *The Collected Writings*, 385—388. 1980.

——. *A Tract on Monetary Reform* [1923]. Vol. 4 of *The Collected Writings*. 1971.

——. *A Treatise on Money* [1930]. Vol. 5 of *The Collected Writings*. 1971.

Lachmann, Ludwig M. *Capital and Its Structure*. London: Bell, on behalf of the London School of Economics, 1956.

Mach, Ernst. *Analysis of Sensations*.

Menger, Carl. *Grundsätze der Volkswirtschaftslehre*. Vienna: W. Braunmüller, 1871.

Mill, John Stuart. *Autobiography of John Stuart Mill*. New York: Columbia Univ. Press, 1924.

——. *On Liberty*, ed. McCallum. Oxford: Oxford Univ. Press, 1946.

——. *Untersuchungen über die Methode der Sozialwissenschaften, und der Politischen Ökonomie insbesondere*. Leipzig: Duncker und Humblot, 1883.

Nef, John U. *Search for Meaning: The Autobiography of a
140 Nonconformist*. Washington, D. C.: Public Affairs Press, 1973.

Pigou, A. C. *Economics in Practice*. London: Macmillan, 1935.

Popper, Karl. *Logik der Forschung. Zur Erkenntnistheorie der modernen Naturwissenschaft*. Vienna: J. Springer, published in the autumn of 1934 with the imprint "1935." Translated as *The Logic of Scientific Discovery*. London: Hutchinson, 1959.

Proust, Marcel. *Remembrance of Things Past*. Translated by C. K. Scott Moncrieff. London and New York: Thomas Seltzer, 1924.

——. *Swann's Way*. Modern Library edition, 1934.

Schlick, Moritz. *Allgemeine Erkenntnislehre*. Berlin: J. Springer, 1918.

Schumpeter, Joseph. *Capitalism, Socialism, and Democracy*. New York and London: Harper and Bros., 1942.

Spann, Othmar. *Fundament der Volkswirtschaftslehre*. Jena: G. Fischer, 1918.

Weismann, August. *Vorträge über Deszendenztheorie*. Jena: G. Fischer, 1902.

Woolf, Virginia. "Mr. Bennett and Mrs. Brown." In vol. 1 of *Collected Essays*, ed. Leonard Woolf. London: Chatto & Windus, 1966. Originally a paper read to the Heretics, Cambridge, on May 18, 1924. 141

人名地名索引

（索引后的数字为原书页码，参见本书边码）

编者按：此处的信息意在厘清这些人物和哈耶克思想和职业发展的关联。

译者按：人物信息在翻译时有所补充。